大趋势丛书 主编：路卫军 陈泽岳

Who Stole the American Dream

管道的力量

在提桶的世界建立管道生意
实现企业家梦想

[美] 贝克·哈吉斯 著
Burke Hedges
成功世纪 译

中国青年出版社

图书在版编目（CIP）数据

管道的力量/〔美〕哈吉斯著；成功世纪译．—北京：中国青年出版社，
2008（2025.6重印）
书名原文：Who Stole the American Dream
ISBN 978-7-5006-8229-5

Ⅰ．管… Ⅱ．①哈…②成… Ⅲ．商业经营—通俗读物 Ⅳ．F830-59

中国版本图书馆CIP数据核字（2008）第076388号

北京市版权局著作权合同登记　图字：01-2008-2723

Who Stole the American Dream by Burke Hedges
Copyright 2007 © Burke Hedges
Originally published in English by INTI Publishing Inc. USA
Chinese edition Copyright 2008 © Beijing Success Century Co., Ltd.
Published by China Youth Press.

管道的力量

作　　者：〔美〕贝克·哈吉斯
译　　者：成功世纪
责任编辑：刘霜
出版发行：中国青年出版社
社　　址：北京市东城区东四十二条21号
网　　址：www.cyp.com.cn
编辑中心：010-57350508
营销中心：010-57350370
经　　销：新华书店
印　　刷：三河市君旺印务有限公司
规　　格：880mm×1230mm 1/32
印　　张：4
字　　数：67千字
插　　页：2
版　　次：2008年3月北京第1版
印　　次：2025年6月河北第23次印刷
定　　价：25.00元

如有印装质量问题，请凭购书发票与质检部联系调换
联系电话：010-57350337

Contents
目录

住手，小偷！ 1

第一部分　你是在提桶还是在建造管道

第 一 章　梦想神话 14
第 二 章　你在社会金字塔的哪一层 18
第 三 章　你有多少安全感 25
第 四 章　在提桶的世界里建造管道 34

第二部分　为何传统方式不再奏效

第 五 章　范式——只值 100 美元的话和值 100 万美元的点子 40
第 六 章　变化带来商机 50
第 七 章　分销创造财富 58
第 八 章　最大优势 64

第三部分　新经济　新趋势　新财富

| 第 九 章 | 什么是网络营销,它是怎样运行的 | 72 |
| 第 十 章 | 怎么没人告诉我 | 87 |

第四部分　你的生意

| 第十一章 | 你骑着一匹死马吗 | 100 |
| 第十二章 | 未来财富 | 108 |

住手，小偷！

我是个上等人，靠掠夺穷人为生。

——乔治·肖伯纳

事情不对劲！

我把钥匙插入门锁时，有种奇怪不安的感觉。电击一样的刺痛感传遍我的手臂，胃像被抽空了一样……觉得有种反常的恐惧又恶心。

我打开门，小心翼翼地走进屋子，不仅没有觉得舒服一点，反而感到更难受。

站在屋里，我环顾四周，所有的东西都原封未动。接下来看到的正是我觉得不对劲的地方。

我看到了，原来放电视和影碟机的地方已经空空如也，它们不在了。

"哦，天哪！"我想着，"还丢了什么？"

是小偷！

有人潜入了我的家，把我的家弄得一团糟，偷走了我的东西,还有孩子们的东西——他们甚至连孩子的东西都不放过!

你是否有过同样的经历?反正我是不会忘记的。尽管事情已经过去几年了,可直到现在,每当想起来,那种反胃的感觉就会立刻涌现。

这感觉糟透了——直到现在也是这样,我觉得——遭到了羞辱,受到了冒犯……愤怒……而自己对这一切却无能为力!

这就是我们失窃时的感受。

而且,失窃时,丢失的虽然只是一些身外之物,但我用了近一周的时间才恢复到正常的情绪当中来。

试想,当我们极为私密和最珍爱的东西被盗时,那种惊恐、愤怒和无助的感觉是多么强烈。

而这正是他们所做的。

当我们的梦想失窃的时候,你是否也有这样的感觉?又是谁偷走了我们的梦想?

谁偷走了我们的梦想

梦想已成天方夜谭——

不是因为它虚无缥缈……

不是因为它恍若昨日……

不是因为它难以企及……

住手，小偷！

也不是因为我们不值得拥有它。

完全不！

梦想之所以离我们日渐遥远，是因为我们接受教育的方式和我们做事的方式现在已经行不通了。

"取得大学学位，进入一家公司，按部就班往上升迁，或开始创业追逐梦想……"本来是梦想的开始，现在却成了职业陷阱——"大人物"让我们花更多的时间不停地工作，付少得可怜的工钱，他们却更富裕！

当我想到这点，又有了几年前家中失窃时的感觉……但这次是例外。

这一次，我再也不会感到无助。

因为我找到了重获梦想的方法。

不过，在我告诉你我的方法——一个普通人实现梦想的方法之前——先问你几个问题。

你的梦想是什么？

——是通过进入大学，取得学位来实现的吗？未来是不是和从前不尽相同？现在，有多少大学毕业生可以在所学的专业领域找到工作？有多少人在做着同5年前，甚至10年前相同的工作？可能100个人当中只有1个人能够做到。

——是找到一份不错的工作，为生计而奔波吗？你可以在办公桌前实现自己的价值……达到经济独立……得到满足感……享有自由……拿你的时间换取金钱吗?

你知道吗?在第一次心脏病发作的人中,超过半数是发生在周一上午 8:00～10:00 之间的。这表明,人们宁愿死都不愿意回去工作。

在美国社会,已经没有诚信,也没有安全感了。通用公司裁掉了 3 万名员工,福特公司关闭了北美的 12 家工厂。中国和印度的经济急速发展,变成了淘金者向往的圣地。曾经的八大主要工业国的失业率平稳地保持在 20%,西班牙,法国和德国青年人正走在失业的边缘!

那么自己创业呢?这是你的梦想吧?我曾经开过一家公司——赚了 100 万美元,却投进了 120 万美元!

你知道吗?90% 的小企业在第一年就倒闭了,其余的 80% 会在接下来的 5 年中关门大吉,残留的 20% 幸存者熬不过 10 年,也就是说,100 家小型企业中只有不到一家可以撑到 20 年或者更久些。

看来,并不是你拥有了一个传统小企业就可以实现梦想的。

现在,来看看我所说的"非传统"事业。

你看到未来图景了吗

我们生活在一个非传统的时代,这就要求我们要用非传统的思维来做事情。

要用更新、更好、更特别的方法。

在过去，需要 50 年时间诞生、发展和成熟的想法，现在只需要 5 年，甚至更少。例如，收音机用了 38 年达到 5000 万的听众，而电视仅用了 13 年就达到 5000 万观众，互联网只用了 4 年就达到了这个数字！

一切都在改变，变化是如此之快，以至于短短几年前的成功神话，现在不过是昨日黄花。

这儿有一个最新的例子：VHS（家用录像机）。

如果你在 20 世纪 80 年代和 90 年代早期拥有一家生产家用录像机或者磁带的工厂，你很可能是一个很富有的人——早就成为百万富翁好几次了。那么今天你会在哪里呢？破产！DVD 早把 VHS 踢出了你的娱乐中心的架子。DVD 占用空间小，音质更好，画面更清晰，选择更多，使用更方便。

安息吧，录像机！

当我写下这些的时候，DVD 还是山中称王，但电子产业变化更新太快了，中国的企业家已经忙着给 DVD 写讣告了，即将用清晰度更高的 EVD（Enhanced Versatile Disk，简称 EVD，是 DVD 的升级换代产品，全称为"强化高密度数字镭射视盘系统"）来替代它。最好相信吧，一些科技虫们正在实验室里研发这种技术，最终会将数字技术赶出这个圈子。

你看到未来图景了吗？

未来已经显现

女士们,先生们,未来已经在今天显现。**如果你看不到它,如果你不知道什么即将来临,你将会落伍。**不是落后一步两步,而是几公里的距离。世界变化之快,让你永远望尘莫及。

开始启航吧!走在时代前沿,让你的事业走在浪尖,否则就会被时代抛弃!即使在旧经济背景下,你也只有万分之一的希望获得事业成功。相信我,这是真的!

看看你的周围,变化悄然而至。那些前卫的企业家,如 MySpace.com、Facebook.com 和 YouTube.com 等公司的创立者已通过互联网赚未来的钱,即便是在.com 的幻想破灭后仍坚定不移。例如,YouTube 公司的三位创始人在经营公司一年后,以 16.5 亿美元卖给了 Google 公司。

有些不可思议,是吧?作为一个电脑高手……

用瑜伽论者的话说就是:"未来非过去之所知。"

悄然变化的职场

你认为"钢铁巨人"和其他重工业会重振雄风吗?机器人或自动化机器将会取代人工,它们又将被谁所取代呢?

今天人们只能尝试在底特律、匹兹堡或克利夫兰等地的工厂里找份薪酬较高的工作了。那里被称为"工业衰退区"。

面对现实吧，蓝领工作正在绝迹。认为我太夸张了吗？福特汽车公司计划到 2012 年减少 75000 个工作岗位，关闭北美十多个工厂，并在认真考虑停产三个高端品牌——"美洲虎"、"路虎"和"林肯"。"通用"将关闭 14 个工厂，并永久性地取消美国和加拿大 30000 个工作岗位。

噗——以前的"铁饭碗"随风而逝了，而这只是个开始。

那么，白领工作的命运将如何呢？

我可以用句时髦的话来回答这个问题：外部采办。

在未来 10 年中，60 万个高薪白领岗位将从美国流失到印度，不仅是呼叫中心，而且整个信息部门外流到印度，并伴随着会计服务、卫生保健服务、银行业、软件设计和生产等部门。甚至在电影制作业，为了尽可能地节约成本，为高层财阀和两面下注的赞助商带来更大的利润，以使其将资金投机股票，他们迫使 CEO 们选择"更瘦和更平庸"（廉价但演技拙劣——译者注）的演员。

富者愈富，而贫者呢？答案众所周知。

等着瞧吧——大学毕业生、公司职员、小业主、蓝领工人、白领工人……都不能充分就业或流向海外。

人们可以去哪里重获自由梦想？还剩下些什么？

所幸存的，只有一种工作和生活方式，被称为"建造管道的生意"——"网络营销"，这是当今世界配销商品和服务最强有力的手段，是一种更新、更优的工作和生活方式，已被证明是社会各界人士都倾向于选择的行业，是大众实现梦想的途径。

这就是本书的主题。

我们生活在网络世界中

未来，网络将以以下三种方式之一进入你的生活：

- 你是它的操控者；或者
- 你是它的旁观者；或者
- 你对它懵懂无知

很简单，你可以成为数以亿计普通人中通过网络营销而获得非凡生活方式的人，或者成为渴望拥有非凡生活方式的人。

我向你保证，到 21 世纪中叶，如果你不是网络营销商，你还有 4 种选择——成为他们的制造商、服务商，或者购买者，亦或做他们的侍者。

狂言妄语？是的，最唐突的言论？是的。但，我是正确的！

我的故事

你看，我的梦想被偷走了——就像我所说的，你们大多数人也是如此。我亲身经历过那样的切肤之痛：一文不名，惶恐不安，付不起账单，养不起孩子，没有假期，没有欢乐，没有未来——受挫、愤怒却又无力改变惨状。

然后我发现了网络营销。是的，或许正如你一样，起初我也怀疑，因为它听起来完美得近乎虚假。

但是，去核实一下又不会让我损失什么，万一它是真的呢？万一它就是我重启梦想之门的金钥匙呢？我再也输不起了！

人们都说，**思维好比降落伞，不打开就无法正常工作**。所以我放开思维，将一切疑虑抛诸脑后，关注趋势的进展。

我发现网络营销确实很便捷，甚至连我，1小时只赚5.5美元的造船工人，连险损评估资格考试不及格的人也能操作。而且它很有意思，有很多人在帮我，我给成百上千人的生活带去了巨大的积极的变化。是的，当然，我也赚钱，事实上赚得比我期望的多得多。

但是有谁在意我做了什么？

又有谁在乎我的想法？

重要的是："你怎么想？"

重要的是你怎么想

网络营销适合你吗?你能在此获得成功,会吗?

我不知道答案,我只知道你应亲自研究有关网络营销的一切。

我的意思是——万一……

去了解网络营销的真相,整个真相,仅仅是真相,能让你付出什么代价呢?最多就是这本书的费用和几个小时的阅读时间。

但这个时间和金钱花得值,我敢保证。

我认为,网络营销是未来市场的主流。

我认为,网络营销被创富精英们称为"个人特许经营",值得你用足够的热情去了解、去研究。

我认为,网络营销帮助你建造管道,带来一生的财富和自由。

我认为,网络营销是世界上最好的,恐怕也是普通大众——你、我过上不平凡生活的唯一途径。

但那只是我的观点。

俄国作家伊凡·屠格涅夫在他的经典小说《父与子》中这样写道:"我不认同任何人的观点,我有我自己的想法。"

所以,真正重要的是你怎么想。看,我怎么想并不重要，你应该为你自己去了解些什么。

真正重要的是你对网络营销怎么看、怎么想，简而言之，你应该去了解网络营销能为你带来什么。

不要找借口

我知道，现在你们当中会有人找借口，不去研究这个生意。有些人说"我没有时间"，或者"它不适合我"，或者"我太老了，不想尝试新事物"等等。

这些愚蠢的借口，让我想起一个故事。曾经有个人想除草，可他的割草机坏了，所以就去邻居家，问是否能借用他们的锄草机。

"不好意思，"邻居说，"我不能把锄草机借给你，因为我太太在做牛肉汤。"

听到邻居的回答，年轻人很惊讶地问："你太太在做牛肉汤，跟你把锄草机借给我有什么关系吗？"

邻居正视着他，答道："如果我不想借给你的话，任何借口都可以啊！"

跟随新经济潮流

那么你呢——是不是正在找借口，而逃避这一新经济潮流？如果你已经赚足了余生所要花的钱（并有时间和自由去尽享这些财富），就不需要去探究在网络营销行业获得成功的可能性了。

但是，如果你像我们大部分人一样，还在拿时间换金钱，那么在探索这个蓬勃发展的生意时，你只会获得更多，而不会失去什么。

如果你确定这个生意适合你的话，你会像回顾生命中任何一个宝贵时刻一样，回首你做出选择的那一刻。

也许这就是特殊的时刻，从这一刻起你重掌生命之舵。这一刻，我们的伟大梦想所昭示的自由、安全和幸福也完璧归赵。

最好的是，从这一刻起，你开始编织未来的财富梦想——属于你自己的梦想！

第一部分

你是在提桶还是在建造管道

第一章

梦想神话

这个时代太伟大了,所以它拒绝渺小的梦想。

——罗纳德·里根

什么是我们的梦想?让一百万人描述他们的梦想,会得到一百万个各自迥异、千差万别甚至截然不同的愿景。**然而,不管我们的梦想有多么的不同,里面总有些东西是共通的。**

我们都希望自己和家人自由平安,我们渴望拥有更多的钱,我们追求健康幸福,我们期待成就意义非凡而又轰轰烈烈的事业,我们期望为己也助人。

基本上,我们期盼我们未曾拥有的一切,我们想要更多的时间和金钱以尽享金钱可以买到的一切。

对你,也是这样吗?

而事实是,我们无法自由选择我们居住的环境——

第一章　梦想神话

不管是我们喜爱的房子还是邻居——只因为我们没有钱支付。

如今，数百万人都还没有实现他们的梦想。

梦想的底线

梦想的基础是财务自由——有足够的钱，随时做自己想做的事。

我们需要的，不是钱，而是钱能买到的一切。正如著名的餐饮业大亨图茨·肖曾说过的那样："我不是想成为百万富翁，我只想像样地活着。"现实恰恰就是，像我们这样的社会中，钱确实能买到一样东西——自由。

可以花钱建学校，可以买衣服给孩子穿。

如今金钱还可以买到健康。

日益增长的医疗费用，确实已经让普通大众消费不起基本用药和适当的医疗保健。事实是，人们再也生不起病了。

那么健康保险足够普及吗？有近 500 万美国人没有健康保险。更令人遗憾的是，在这当今世界最富裕的国家，近 17% 不满 65 岁的人为了免遭破产而甘愿死于车祸或重病。

越来越多的医生指出，压力已经成为导致疾病的罪魁祸首，**还有什么比焦虑和为钱发愁更能让人产生压力的呢？**

更骇人听闻的是,医学研究表明,在美国,富人比普通群众身体更健康。金钱能买到健康——多数情况下确实如此!

那么幸福呢?人们都说,幸福是金钱唯一买不到的东西。

我说,那是错的。只要看看圣诞节早上的孩子就知道了。

自由、平安、金钱、健康和幸福,我们从来不想被迫挑选其中的一两样。

我们应该拥有全部。

金钱的代价

经典童话《彼得潘》的作者詹姆士·巴里曾说:"梦想定能实现。你能拥有生活中的任何东西,只要你肯牺牲其他一切来实现它。"

你相信吗?我们真的必须放弃其他一切,来换取一丁点我们想要的东西吗?

如果你付不起房贷或房租,你又有什么自由可言?

如果没有安全,又何言幸福?如果你担负不起医疗保健费而失去健康呢?或者,如果你必须拼命干活去纳税,该税收又被用于别人的健康保险呢?

你放弃一切换来的东西就是好的吗?

不,我们的梦想是拥有一切。

然而可悲的是,如今绝大多数人没有希望从生活中获得他们想要的东西。对他们来说,梦想是个神话。

令人揪心的是,对部分人来说,梦想甚至已经变成了噩梦!

第二章

你在社会金字塔的哪一层

> 妄想一夜暴富的人,很快就会灰心丧气。
>
> ——达·芬奇

我们生活在金字塔的世界中

金字塔是一个自然结构。世界上任何一个配销商品、提供服务或者协调各类活动的机构都像一座金字塔,层次多而且越往下越宽。我们生活的社会也是如此,我们生活在金字塔的世界中。

著名作家、教育家卡尔·迪安·布莱克博士是这样做解释的:

民意代表们创设了一座多层金字塔。我们的政府就是这样一座多层金字塔,我们的学校和教堂也是。所有成功的企业,也像金字塔,因为他们配销商品、提供服

第二章 你在社会金字塔的哪一层

务。在任何一个多层结构中,权力都来自底层。我们的政府顺塔而下提供服务,但处于塔基的我们通过选举赋予政府权力。行销公司顺塔而下分配商品,而处于塔基的我们用美元赋予他们权力。所以金字塔设立了一个双向流动的机制:先向下,然后向上。价值顺流而下,相应地,权力往上集中。如果价值停止下流,那么权力(以金钱或投票的形式)上浮,随之整个体系就会崩溃。

所以,按布莱克博士的说法,美国的企业、社会、政府和教育系统都是金字塔。那么,你处于金字塔的哪一层呢?

在社会金字塔结构中,其本质都是居于顶层的变富有,而处于底层的人们财富甚少。

就像当公司股票暴跌的时候,其总裁们还可以赚得大把大把的工资、外快和利润。美国甲骨文公司的执行总裁拉里·埃里森在该公司股票下跌 61% 的时候,还在.com 项目上大赚了近 8 个亿。

那么,当甲骨文公司忠诚的职员们收到解雇通知书时,当成千上万的股东丧失全部财产时,拉里·埃里森在干嘛?为什么他可以购买价值超过 2.5 亿美元身长 454 英尺的世界上最大的私人游艇?

当时在公司高层任职的那些人赚的钱简直就是违法的——当然,除非这个罪行像安然公司的安德鲁·法斯托和世界通讯公司的伯尼·艾伯斯那样,这两个公司高层执行官在商业泡沫破灭前的投机岁月里,不顾公司安危,贪得无厌。两人双双锒铛入狱,因为他们制造了美国历史上两家最大公司的诈骗案。无止境的贪欲使他们各自的企业破产,成千上万的职员因此失业,数百万美元的职工养老金化为灰烬。

在判决时,法斯托哭了。

做 CEO 很好

实际上,如果你是 CEO,即便做得不成功,也是值得的。

迪斯尼的前领导者迈克尔·艾斯纳因为位置仅次于制片人而享有很高的薪水。在 10 年间,艾斯纳一步步登上迪斯尼的高层,公司股票涨幅仅 1.9%,相较而言,《财富》500 强企业的股票回报率高达 9.1%。

那么,艾斯纳差强人意的举动让他收获了什么呢?整整 9.5 亿美元,在他掌权的 500 个星期中每周获利达 200 万美金。

如果那还不够的话,高层领导还照例有总值上千万的股票优先认购权。

我还注意到《财富》500 强中有 30 多个 CEO 从股票经营中每人获利 1 亿美元。这在他们每年众多收入款项中居首位。威廉·W·迈克古里联合保健集团的一名在任 CEO 可从公司股票中收益 16 亿多。

第二章 你在社会金字塔的哪一层

如果是某个公司的老板那有多好！那塔底那些无名小卒会受到什么危害呢？大量的金钱从股东那里流出而进了公司高层人员的腰包，而且这一切是如此合理合法。

顺便问一下，你知道那些大公司CEO的薪水由谁来决定吗？公司董事会。再猜猜选择董事会成员时，谁拥有最大的话语权？你猜对了——就是那些CEO们！

那我们的梦想呢

中彩票。我们仍然玩这个，对吗？

我们当然玩。全国40多个州每星期的彩票开奖过程中，每个月都会诞生新的百万富翁。这个合法的赌博游戏比娱乐场产生更多的税收，政府也参与其中。美国人每年要花450亿买彩票。有一半的美国人至少偶尔会买彩票，平均每年花155美元，比他们买书和看电影的花费还要多。

看看那些排长队买彩票的人吧！都谁在玩呢？当然是那些最玩不起的人。这真是太疯狂了！被闪电击中两次的几率也比你中彩票的高啊！

那么谁是真正的赢家呢？又是那些高居顶端的肥猫，其他人都是失败者。他们不也是在玩旋转金钱的游戏吗？

钱真正去哪里了呢？那些价值到底流向何方了？可以确定的是，并没有流下来到你我这边。

越来越多的金钱流到塔顶，而流向塔底的金钱越来越少。以往一个大学学位可以保证你能在一家新兴企业里得到一份好工作,而现在它能保证的只是让你在当地一家星巴克咖啡厅做个夜班工人。

幻想与现实

很多人都在幻想他们大学毕业后能得到一份"铁饭碗"般的工作。可怜的孩子,他们到底有没有去调查一下现实情况啊!那样天真的想法让我想起一个人死后去炼狱的故事。

主管该事宜的天使长告诉他可以选择去天堂或进地狱,一旦选定后就不能改变了。这个人问道他能否先看下这两个地方然后再做决定。天使长说可以。

他们上了天堂,那里很漂亮,每个人都面带微笑。那么宁静、祥和——太完美了。人们很知足也很快乐,看起来确实是个好地方。

"这里很漂亮!"这个人说道,"现在我可以看看另一个地方吗?"天使长把他带到地狱。

真是不可思议——热闹的派对。人们都在欢笑、跳舞,音乐四起。桌上摆放着丰盛美食,人人都在喝酒,举止疯狂。这个人一生从未见过这样的场景,他的眼睛睁得像铜板那么大。

天使长俯身问他:"好了,你选择哪里?"

"哦,这里——这里。"这个人兴奋地答道,"我想入地狱。"

天使长提醒道,他只能选择一次。

"你确定想留在地狱吗?"天使长问道。

"哦,是的——我很确定。"他回答。

天使长拍了拍手,刹那间,音乐停止了,派对不见了,这个人发现自己被链子锁在一处,火把从四面八方指着他。

"不!"他对另一个受劫的灵魂大喊道,"派对呢——人呢,舞蹈呢,美味呢?"

"哦,"受劫的灵魂答道,"你应该注意到那是一种营销手段啊,地狱本来就是现在这个样子。"

专职学生的年限

故事的寓意是什么?事情往往不像你看到的表面那样——问问那些因为找不到工作而不得不卷铺盖回家的大学毕业生们。

如今,大学毕业后回家是个惯例而非特例。所以他们被称为"飞回来的一代"——他们被抛出去,结果还是灰溜溜地转回家了。大学教育给人们准备的最好礼物就是——更多的大学教育。攻读一个学位,然后第二个,第三个。

"像我一样做,你也能成为一个专职学生。"

1960年,全美毕业的博士生共9733名,如今,每年有 4 万多学生获得博士学位。他们都何去何从？回大学去教别人如何获得博士学位，然后那些人又可以回大学教另外一些人如何成为博士了。

你看到这里的一个模式了吗？

朋友们，是时候研究一下现实了。面对现实吧，拿着理学（BS）学位证奢望工作保障和经济独立时，你会发现"BS"真正代表的是——"Back to School"（重返校园），那是你找不到工作时才去的地方。

合计一下这个梦想的债务

现在，是不是开始明白社会金字塔是如何剥夺了你实现梦想的机会？

看看梦想偷窃者的列表——即将崩溃的社会保障体系，过高的 CEO 薪水和说不清楚的股票优先认购权，增加个人税收而减少公司税收的"公司福利"制度，从俄罗斯和中国那里贷来的数万亿美元的国债，增率相当于两倍通胀率的大学学费和那欺软怕硬、恃强凌弱的美国国税局。

你感觉纸牌正在面前堆起吗？这让我想起一句古老的纸牌谚语："你在牌桌前坐下，环顾四周看看谁是容易受骗的人，如果你没有发现，那就起身离开，因为可能受骗的就是你！"

我不想成为一个受骗者，特别是当涉及我的梦想时。你呢？

第三章

你有多少安全感

多数人在考虑安全而非机会,他们似乎怕生胜过怕死。

——詹姆士·F·伯恩斯

为什么要写一章关于安全的话题?

因为安全是人们生命中最想要的。所有研究均表明,安全一直是人们最渴望的,包括家人的安全和自身未来的保障。

不容乐观的是,如今对我们大多数人来说,安全已渐渐远离,或早已离我们而去,它正以惊人的速度消失。

但安全是梦想的基础。我们想保障制造业的工作,想保障白领工作,想保障政府部门的工作。

问题是,传统的经营方式再无安全可言。

过去10年间,数百万人从大公司的稳定工作岗位上失业，你只要去问问他们就可以了。即便是大萧条期间，面对大量的失业，人们仍然坚信可以在传统行业工作而获得保障。

这让我想起另一个故事。

坚持我的说法

一天晚上，有个人想在下班后顺便跟朋友去当地的酒吧喝酒。大家轮流讲故事、唱唱歌，买了一桌的饮料，玩得很尽兴。

他没有意识到，他和朋友一直喝到酒吧打烊才走。他趔趔趄趄地向车子走去，看到太阳从地平线升起。他看一眼手表——早上6点。"哦，"他心想，"我又犯错了，我太太一定会杀了我的……我向她保证过不再彻夜狂欢的。"

20分钟后他开上车道，一路练习着想好的借口。他踉跄地走过前门，抬头看到妻子双手交叉正在等他。

"你一整晚都去哪里啦？"她问道。他直起身，望着她，支支吾吾地说："我昨天半夜才到家，怕吵醒你，所以就睡在外面的吊床上了。"

妻子怒视着他，回答说："不错嘛。只是有个问题，我们两年前就把吊床拆了！"

他惊恐万分，未假思索地说："那是我的说法，我坚持这么说！"

第三章　你有多少安全感

亲爱的朋友，以为现在还能拥有在20世纪50年代时有的工作保障，无疑是自欺欺人……他们对自己撒着荒谬绝伦的谎，还执迷不悟。

据职场顾问玛莉·琳·普蕾所说："**人们从小到大就认为的生活有保障和工作可以一劳永逸等规则已经失灵了。**"

面对现实吧，传统工作再无保障可言。我们无法让时光倒流，该是时候把真相告诉自己了，做好准备去接受结果——然后继续你的生活！

勇敢的新世界

之前，我们的父辈用一份薪水就能达到的生活水平，对今天大多数美国人来说，至少要用两份薪水才能达到。人们正在谈论必须同时拥有三份收入来源，就好像这很正常，即便是这种情况，也要过很长的时间才能达到。

我们的世界日新月异，以前人们在可靠的公司拥有铁饭碗，而终身任职的工作理念在今天已经不适用了。

你知道吗，在20世纪的最后20年间，有30%的美国人失业——10个工人里就有3个啊！随着全球化、外部采办和自动化的飞速发展，未来几十年，这一趋势仍将继续。

蓝领工人首当其冲，将被自动化和高科技所取代，几乎在一夜之间，整个工业结构发生了变化。随着日臻完善的计算机系统逐渐取代文职人员，白领将成为下一个受到震荡的群体。

话务员就是一个很有说服力的例子。在功能强大的个人电脑出现之前，"Ma Bell"公司和其竞争对手都雇用了大量的话务员，操作长短途电话。

如今，一个高技术快速 AT&T 管理监视软件系统就可以承担先前 10000 名人工话务员的工作量——而且这个自动控制系统服务更优，速度更快，费用更低。

我并不是语音邮件的狂热爱好者，但声音识别软件的确很棒，整个工业部门因此已解雇了传达员和服务代表。今天，你致电信用卡公司、抵押贷款公司、银行或是保险公司，已不可能有"活"人接你的电话了。

那这些被自动化踢出局的下岗工人去哪里就业呢？幸运的话，去星巴克或家居货栈，不幸的话，就只有去沃尔玛了。

事情还会更糟糕的，相信我。

2001 年以来，美国经济中只有一个私营部门增加了工作岗位——卫生保健行业。商业泡沫破裂后的 5 年中，该部门增加了 170 万个工作岗位，而其余的私营部门呢？一个也没增加。

随着高峰期出生的人慢慢变老，卫生保健部门会继续增加工作岗位。实际上，将增加几百万。因此，如果

第三章　你有多少安全感

你想陪老人去当地一家辅助生活用品的店用餐，而改变计划去疗养院整理好床铺，那么你就在正确的时间到了正确的地方。

以下是《财富》杂志关于今日美国"新"经济的报道：

美国工厂精干（雇员比 1979 年的最高值少了 12％）、强悍（增产 51％以上）、高速（生产率的年增长率高达 3.5％）。

所以，经济学家保罗·皮尔泽预言 21 世纪前期，在主要工业化国家里会有 20％的人失业，并不是没有道理的——高效率的制造业正在大量地裁减工人。我个人并不断言有 20％的失业人员。在麦当劳总有初级工作岗位，Circle K 便利店也总在招聘夜班工人。然而，我预测有 20％到 80％的不充分就业，因为很多人大材小用被迫去干没什么技术含量、工资又低的工作。

这可不是很理想的画面。

教育带给你什么

上大学，找份好工作，给自己的未来一个保障，那样你就可以摆脱困境。这只是天方夜谭，不是吗？

当然，在大学里你可以学到很多东西，但没有一个教授教会你怎么管理金钱，经营人生，获得经济保障，实现财务自由。这让我想到斯蒂芬·克莱的一首小诗：

我遇到一个先知。
他手捧着一本《警世良言》，
"先生，"我向他招呼道，
"让我看一下。"
"孩子——"他开口说道。
"先生，"我说，"请不要以为我还是一个孩子，
因为我已经知道
书中的很多事。
是很多。"
他笑了。
然后，他打开书，
把他放在我面前——
奇怪的是，那一刻我突然失明。

《警世良言》这本书教给你如何实现在任何大学图书馆都无法找到的梦想。即便它确实存在，也只有极少大学生能够理解其中的只言片语。

拥有一家传统小企业

记得我曾说过，90%以上的传统小企业在头5年中

倒闭，其余的 10% 中很少有能熬过 10 年的。经营了 10 年的传统小企业，你知道的有几家？

事实上，许多小企业家并不拥有自己的企业，他们只是拥有自己的工作！

这个，我有直接的亲身经历。

24 岁时，我有了一家自己的公司。我厌倦了替人家打工，决定自力更生。不幸的是，我很快就发现自己像一个为顾客而生的律师——我在为一个疯子打工！

我度过了繁忙的一年，每周工作时间超过 80 个小时。值得欣慰的是，我的辛勤工作换来了丰厚的报酬。我新开的手机公司第一年就获利 100 万美元，但遗憾的是，我已经为此付出了 120 万美元，这可是一次代价高昂的教训啊！

我好像听到你说："贝克，也许你应该读大学。"是的，我确实读了。我拥有刑事法学的学位。你不会碰巧获得监狱长的培训机会的，对吧？相信我，当警察或是缓刑监督官并不是实现经济独立的最佳途径。

特许经营模式

有很多人选择特许经营公司，而不是摸爬滚打地开始自己的高风险企业。

要获得特许经营权，你首先要支付费用给特许经营权所有者获得许可证，由他提供给你商业运作项目。一切都已为你准备就绪，不管是市场调研还是商品开发和设计，不管是广告还是合适的使用设备。你只需学会如何培训员工、做账、生产产品、找到货源等等。你只要付钱，转动钥匙，就能看到胜利的曙光，是吗？

大错特错。

你看，这里有个很重要的问题——你把租房、装修、买设备、购存货等等的费用相加，再加上平均为 10 万美元的特约经销权费用，那么多花费就只够开张。

还有，你得每天工作 12～14 小时，一周工作 7 天，去管理那一小撮廉价雇员。如果你干得出色，三五年后，你就可以翻本或者开始盈利。

现在很多特许经营公司的业主在初期投资全部翻本后，每年大约获利 5～6 万美元，当然，这是指老板亲自管理。如果是聘请经理的话，能保本就不错了。

假如你能加盟那些更大更好的特约经销店，可以赚更多。麦当劳的连锁店实际上是绝对成功的，但你需事先付出高昂的代价，才能获得高额利润。一家麦当劳分店的开张要花一百多万美元。

据《新闻周报》的商业专栏作家简·布赖恩特·昆恩所说，有 1/3 的特许经营商赔钱，1/3 保本，另外 1/3 获利。

那意味着有 66% 的经销商是不赢利的。当然，这比中彩票的几率大多了，但始终无法让人高枕无忧，因为

第三章 你有多少安全感

万一你是属于那 2/3 没有赢利而不得不关闭或卖掉公司的经销商呢？

现在，有经验的特许经销商会告诉你，除非你去经营有 5 年或 5 年以上成功经验的商店，否则根本不值得费神加盟经销店。

救命啊！

最简单的道理是，我们不能从外界求助。

有人曾说过："希望就是期待有人路过并救你。"不好意思，灰姑娘已经演绎了那个美丽的童话。现实是，很多传统行业的从业者，大部分是没有这样的希望的。而我们也无法再依靠教育机构、政府和企业，来提供机会让我们实现梦想了。

我们必须用自己的双手成就事业。用最简单的语言来阐释这句话的涵义就是：想要成就梦想，就得靠自己！

因为一切在变——你也必须要变，因为一切都在进步——而你也必须进步。

那么，你将要做些什么？

你能做什么呢？

让我们从审视你的选择开始吧。

第四章

在提桶的世界里建造管道

> 世界上到处有捷径,到处有机遇,到处是绷紧的琴弦,等待着有人去拨响。
> ——拉尔夫·沃尔多·爱默生

每次举办财富研讨会,我都会给大家讲帕保罗和布鲁诺的故事。

两个心怀梦想的年轻人,一个叫帕保罗,一个叫布鲁诺。他们都很聪明、勤奋,他们都需要机会。

机会来了,村子决定雇用两个年轻人把村外水塘里的水运到村里。两个人被选中了。布鲁诺兴奋地提着两只水桶,跑到村外,开始一桶一桶地把水运回村子里。每运一桶水,都会得到一笔小小的酬金。

帕保罗却不以为然,他认为还有更好的办法,帮助

第四章 在提桶的世界里建造管道

他获得财富。于是,帕保罗每天用一部分时间提水,一部分时间用来修建管道:他开始从水塘往村子里引一条管道,将水引到村子里来。

布鲁诺和村民们都嘲笑帕保罗,称他是"管道建造者帕保罗"。而帕保罗不屑一顾,他鼓励自己:"明天的梦想是建立在今天的努力上的,短期的痛苦会带来长期的回报。"

当池塘里的水流经帕保罗的管道,进入村民家庭的时候,每个家庭都需要向帕保罗支付一笔费用。而此时,布鲁诺还在辛苦地提桶,但是,他只能提半桶水了,因为他老了,已经没有力气了。

于是村民们嘲笑他是"提桶人布鲁诺"。

人和人之间没有多大能力的区别,差别仅仅在于,拥有不同的思维方式。今天的生活现状,是昨天思考和生活的结果。而今天,你是在建造管道,还是在继续提桶呢?

成为百万富翁不是一种机会,而是一个选择

好吧,假定你已接受这个事实,认为工作中已无保障可言,而"如果有的话,那取决于我们自身"。

你要去哪里？

你要做什么？

让我们看看你的收入选择。

选项一：找份工作。这是我们之前探讨过的"用时间换取金钱"陷阱。不管你获得了什么，你都无法在这份工作中得到保障和自由。有份工作，意味着你比无业游民好一点——"你被雇用了。"

金克拉，美国最顶尖的推销员之一，曾把单词JOB描述成"Just Over Broke"（只比身无分文好些）。而在今天日新月异的职业市场中，唯一安全和稳定的，往往是少数居于社会最顶层的工作，或者是最底层的那些家仆工作。

选项二：自主创业。很多人厌倦了替人打工而寻求自主创业，以期为自己的工作创造更多的安全感。然而，正如我先前指出的那样，失败无处不在，即便你只是开办规模适度的传统小企业——甚至还来不及奢求它能长期经营和获利。

如果你是能让它撑过头几年的少数人之一，那么就有了一个机会，但还需考虑现实——你能够让自己的企业熬过10年或更长时间的几率还不到1％。

选项三：买一项特许经营权。如果你有几万或几百万美元来进行博弈，那样的话，你可以改变自主创业的风险和败局，而购买对自己有利的特许经营权。不过只有 33% 赢利的可能,你真的要用一生的积蓄,或是房子抵押贷款,或是向父母借钱然后去冒险吗?成功的概率只有 1/3 啊,比在拉斯维加斯的双骰儿赌博上赢钱的机会多了一点点。

选项四:投资。通过这种方式,才使富者愈富,经常出入海滩度假的社会名流得以保留他们的房产,交纳乡村俱乐部的费用。问题是,这需要投入"大量"的钱去赚得哪怕只是很少的一点引退资金。100 万美元已失去其本来的价值。来计算一下,100 万美元存款可获得 5% 的利息,只要你不触犯法律的话,你的税前收入是每年 5 万美元。支付了薪水税和个人所得税后,你 100 万美元的投资收益大约为 3.1 万美元(当然这个假设前提是你有 100 万美元)。

选项五:你还有一条路可走,这是一条让你获得持续、稳定收入之路,很多成功的作家、词作者、音乐家、演员和行为艺术家都遵循这条路。通常以知识产权的形式出版作品,通过版税得到经常性收入,这也被称为额外收入或被动收入。不幸的是,很少有人能够著就一本畅销书、制作一张大卖的唱片或者是完成一项伟大的发明。只有极小部分有天赋的精英分子具备上帝赐予的才干,能够成为下一个托马斯·爱迪生或是斯蒂芬·金。

但是你知道吗?有一种方法使你也可以立刻开始获

得持久的、额外的收入。从今天就开始，不论你是谁，是男是女，什么种族，家庭背景如何，社会地位怎样，教育程度如何，过去是成功还是失败，都可以。

这个方法叫"网络营销"。

在你说或者想另一件事之前，请你给自己一个机会去关注网络营销，并探究它能够给你提供什么。

第二部分

为何传统方式不再奏效

第五章

范式——只值100美元的话和值100万美元的点子

> 一扇门关闭的同时另一扇门打开,但我们总是长久凝望,慨叹那扇紧闭的门而忽视面前已敞开之门。
>
> ——海伦·凯勒

我想你肯定听说过"范式"这个词。

它是价值100美元的大学词汇之一,其实意思相当简单。

一个范式即一种观点或者一个模式,是我们看待周围世界的方式——"事物的客观存在方式"——有些像现状。

"美国梦"就是一个范式(只是对我们今天的大多数人来说,它已属于过去,而非现在)。

接下来解释一下什么是范式及它是怎样变化的。

第五章 范式——只值100美元的话和值100万美元的点子

瑞士手表范式

你是否还记得早在1975年,什么是制表业的黄金标准——那个风靡一时的范式?瑞士手表。是劳力士等在14世纪就已达到的完美技术:经典、精确、31颗宝石、上紧的主发条、滴答滴答滴答……

突然有一天,这个名不见经传的瑞士老钟表匠冲出他的钟表店,欢呼雀跃地展示他刚刚制造出来的灵巧的新表。

"沃尔福冈,你看,没有发条,没有宝石,更轻便,成本更低;它更薄,你永远也不用拧发条;而且它更加精确上百倍。这就是石英表。"

然而,瑞士人是十分谨慎和相当保守的人。他们对此的第一反应是退后一步,吐出一口烟圈说:

"等一下,弗里茨,不要这么着急。这个石英表的想法很有创意。但是你看,如果我们开始做石英表,那么谁还会来买我们制造的这个又大又贵装有31颗宝石的东西呢?我们这是在和自己竞争啊。我们已经投资了几百万在宝石、齿轮、发条这些东西上面。我们该怎么处理这些东西呢?把它们全扔掉?我们那些老的钟表匠怎么办呢?比如说你。另外,我们现在是钟表行业里的老大,干吗要破坏这种成功呢?我们不要费力去修那些没有坏的东西吧。"

看，瑞士人没把石英技术当回事。因此，为了不砸自己的脚，他们把这项技术卖给了日本人。

你可能会记得在20世纪50年代早期的日本人，他们制造这种廉价的手表，卖给你不到10分钟，表就坏了。

"日本制造"——

确实是这样。现在谁占据着钟表市场呢？日本人、中国人和他们的石英表。

我们没有换表——我们换的是范式。

闪开，劳力士——日本精工株式会社来了。

瑞士人最后一次在钟表行业受到打击是腕表的出现。便宜、轻便、漂亮、清楚，还装有石英！他们从日本人那里仿制而来。

看到没有，当一个范式行不通的时候，它便从现在时变成了过去时。或者是有人发明了新的，经过改进的东西来取代它。

例如现在，"美国梦"的旧有方式已经不再适用于所有人而只能为极少数人服务了。

只要回答一个简单的小问题我们就能知道这是事实：你得到属于你的那片"美国派"了吗？它适合你吗？你现在过的是你梦想的生活吗？

如果没有，相信我，你不是唯一的一个。你是千百万被新定义为中产阶级群体中的一分子——你处在中间，

第五章　范式——只值100美元的话和值100万美元的点子

正好卡在岩石和硬地之间。

现在你掉入了陷阱，可还在说"我可能工作得还不够努力……"、"我不够聪明"等诸如此类的话。

可是，如果你比现在再努力一倍，结果会有什么不同吗？你能多赚一倍的钱吗？并且你真的需要比现在聪明一倍才能够取得成功吗？

看看周围吧：常常是那些得 A 的学生给得 C 的学生打工。即使你再聪明两三倍也不是正确答案。如果智商是成功的答案，那么大学教授应该是世界上最富有的人，但我们都知道事实并非如此。

也许你跟我所认识的多数人一样，认为梦想没有实现的原因是方法不对。

或者在某个地方脱轨了，如果找到了失去的东西，你就能够找到梦想并且实现它。

这不是你的错，我的朋友，你没有漏掉任何东西。

你漏掉的是一种范式。因为旧的梦想已经不在了。为什么？

因为它被偷走了！

谁偷走了我们的梦想

是谁偷走了我们的梦想？

首席执行官们。他们收入上千万而把公司几千名忠诚的员工裁掉。

大型公司。他们取消了成千上万名员工的养老金计划，却给少数高级经理们价值千万的优先认股权和退休保障金。

政客。他们在选举时许诺加薪和恢复优厚的养老金计划，然而一旦当政却对失控的社会保险和医疗费用袖手旁观，无所作为，这使得我们国家几代人面临破产的威胁。

朋友。他们不停地告诉你用自由换取一份可以依靠的工作，但谁能说得清所依靠的工作，是不是快要变馊的奶酪呢？

强势的主流媒体。他们总是鸡蛋里面挑骨头，希望抓到谁的把柄。因此，他们总是将负面性的东西公之于众，并向世界广为传播。

老师。他们不停地给学生灌输良好教育的唯一目的是找一个好工作。

两面下注的基金管理人。不断向美国公司施压，向海外输出收入不菲的工作机会，从而变得更富有。

财富1000强公司。他们从消费者手中获得大量利润，却把总部建在加勒比一个岛上以逃避联邦税收。

沃尔玛的"天天低价"。一种无情的商业模式，要求供应商低价供应，迫使越来越多的北美工厂关闭以支持亚洲的廉价劳动力。

以北美为基地的跨国石油公司。一边抱怨石油输出

第五章 范式——只值 100 美元的话和值 100 万美元的点子

国组织每加仑 3 美元的汽油，一边破纪录地每天获利上亿美元。

华盛顿说客。差不多有 4 万名这样的人（包括好几百名前国会议员）来收买政客，改写法律。

你和普通大众一样，没有梦想（过去我也没有）的原因是有那么一群贪婪的家伙，一边赚大钱维护自己的既得利益，一边还拼命兜售传统的"找份好工作"的无稽之谈。

这个世界上的老板和 CEO 们都明白，只要每个工人为了每周微薄的薪水依赖着他们，巨额利润就能够一直向上滚进金字塔的顶端，流入他们手中。

并且最好的方法就是确保你拿不到自己应得的那一份。你得到的越少，他们得到的就越多。

那么，如果你身居高位，你愿意打破稳定状态吗？你会成为身处顶层却甘愿冒险尝试新鲜的人吗？还是愿意像那些拥有瑞士钟表行业的人一样，固执守旧，直到被市场遗弃吗？

记住，人们一般都抗拒改变。并且当你越富有、声望越高、是行业之王的时候就越感到现状很舒服，越不想改变现状。

沃尔特·迪斯尼所说的**需要勇气来追寻梦想，是指有勇气去接受变化，有勇气在别人之前去实践新的想法**。因为，如果等到每个人都开始去做时，那就太迟了！

成功之人逆流而行

已故的沃尔玛创始人暨董事长萨姆·沃尔顿对于成功提出的建议是"逆流而上"。萨姆说:"如果每个人都在做,**你朝完全相反的方向走,有机会另辟蹊径,绝境逢生。**"

设想一下:当普通人都投身很热的房地产市场或者当股票市场又创新高的时候,大钱已经让人赚走了。那些高手早已抽身而退,留给芸芸众生的,只是一长串的懊丧与慨叹。

马克·吐温曾经很不明智地进行了一些商业投机行为,均未成功,他说:"我很少能洞悉商机,直到它已不再是商机。"这也代表了多数人的心声。

我所说的这种新的、更好的范式,也就是你们可以找回梦想的方式,不是过去那种大学教育——建立事业的传统轨迹,不是过去那种工作与公司联系的旧范式,也不是那种从一个很低的起点白手起家创建企业的范式。

相信我,上述种种方法我都试过了,而且一个也没有成功。

但我确实在新的、更好的网络营销领域成功了。

我在提桶的世界中,逆流而行,建造着自己的管道生意。

第五章　范式——只值100美元的话和值100万美元的点子

更新、更好的网络营销理念

网络营销相当于今天的石英钟产业,因为网络营销有着传统产业所不具备的东西。

那么到底是什么呢?

简而言之,是更好的理念。

什么意思?

更好的理念,简单来说就是"一种新的、更好的和与众不同的做事方式"。

用萨姆的话来说,更好的理念就是逆流而行。

更好的理念是变化的动力。

更好的理念打破旧范式并创造新范式。

更好的理念常常集颠覆性、奇谈怪念和不可思议于一身,有时甚至是无法成功践行的(至少,传统智慧宝典和持有"累人但真实"传统观念的人都会如是说)。

但是美国(其他国家正在迅速奋起直追)向来标榜人们可以如此实践全新、更优和与众不同的思想根据自己实现梦想的能力,或成功或失败。

好的想法改变了我们的生活、工作和消费方式,20世纪早期亨利·福特大规模生产汽车。

以下是一些近几年来由好的想法改变我们的生活、工作和消费方式的例子:

个人特许经营——找一个已得到证明的管道生意，使其在全国和全世界遍地开花。

地铁三明治——通过提供可自选的新鲜成分的地铁三明治，你能够享受到一种更健康的用餐方式来替代快餐食品。

家居货栈——允许顾客在一个巨大的仓库中来回选购，以低廉价格充分享受先进的家庭生活用品和服务。

星巴克——在北美的每个城市开欧式咖啡店，然后将此理念出口到世界各地。

戴尔——在线提供低成本的个人电脑，并在一周内送货上门。

福克斯——开创了一种新型的电视网络，给观众提供三大网络之外的选择和以自由为导向的新闻方式。

网络营销——重组和重新激活产品销售和分销的方式，用只付佣金的独立经销商来取代中间商和零售商。

上述所有好的想法——这些新颖的、独特的行为方式——得以大获成功，就是因为它们打碎了旧的范式，将更多的价值带到金字塔的底层，以换取金钱的迅速回流。

网络营销不仅仅是为顾客提供一种价格公道的产品或者服务，而且为普通人提供了一种机会，无须投入太多就可以为自己和家人创造财富。

是的，有经过证明的、复制商业系统模式和法人支

第五章 范式——只值100美元的话和值100万美元的点子

持,特许经营看来是一个更好的主意。

但最好的模式是,网络营销形式下的个人特许经营,因为它具有传统经销的所有优势且成本低廉,而且网络营销的光辉时代已经来临。

第六章

变化带来商机

> 变化是生命的一般规律。只沉湎于过去和现在的人，注定要失去未来。
>
> ——约翰·肯尼迪

变化，是当今世界生活最根本的现实。

然而，习惯上，人们并不愿意改变，我们抗拒变化。这跟人们喜欢待在舒适的地方有关，这也是人类的天性。

但你越抗拒的东西往往来得越快，而且当你抗拒已经来临的变化时，你同时也失去了重大机遇。

你越是抗拒变化，变化就越抗拒你。

迎接改变

纵观人类历史，每当变化来临时，人们跑去吹灭蜡烛，扔掉开关，想要继续处在黑暗之中。

第六章　变化带来商机

在每个领域——艺术、科学、医学、商业——大多数新的思想最初总会遇到阻力和反对，并且思想越是独特和越具有革命性，变化越是彻底和广泛，人们反对的声音也越是强大和激烈。

这也就不难理解为什么在黑暗的中世纪，甚至是在十七八世纪乃至 19 世纪，惊若寒蝉、极度迷信的人们对新范式如此抗拒。当权者把哥白尼关进监狱，威胁伽利略，奚落克里斯托弗·哥伦布，嘲笑路易斯·巴斯德，甚至嘲弄爱迪生和爱因斯坦。然且，直至今天，我们仍然拒绝变化。

让我们来看一下最新的例子。

美国的买与卖

在 18 世纪到 19 世纪早期，北美人在家庭小商店里买自己所需的东西。

那是屠夫、面包师和烛台制造师范式的时代。

后来，一位名叫斯图尔特的爱尔兰移民想出了一个绝妙的主意，他决定把这些分散的小商店组合在一起成为一个大商店。1862 年，他在纽约市建造了众所周知的"大理石宫殿"。这是一座超大的多层建筑，购物者只需要从一个部门走到另一个部门就可以买到他们需要的全部东西。

现今著名的百货公司，如麦西、罗德泰勒、希尔、伍尔沃斯、哈德逊湾公司、马歇尔、万那美克和潘尼等陆续涌现并发展起来,现在我们进入了百货公司的黄金时代。

百货公司给顾客提供了一种新型的购物方式,一种新颖的、更好的行为方式——更多的货物,更优惠的价格,质量上乘,更加便捷。

人们纷纷涌向那里。在 1900 年,每天有近四万名顾客在芝加哥马歇尔菲尔德百货商店购物。

你能猜到接下来发生了什么吗?

用过时的方式赚钱

那些开店的个体商户是最难过的。他们眼看着自己的生意日益冷清,因为越来越多的人跑到当地的百货商店里去,那里选择范围更大,价格更低也更方便。

家庭式的小商店像苍蝇一样纷纷落下。

那些店主不会就此认输,不!他们开始反击了。然而,他们不是用一种新的和更好的方法来反击。相反,他们坚持依靠旧的范式来从政治上进行反击,对抗变化。

成千上万的店主(相当于成千上万的选票),他们使劲儿地游说,来维护自己的权利和原有的经营方式。

正如我们所意识到的,抗议并没有阻止进步。从 19 世纪末期一直到 20 世纪中期百货公司已经成为占主导地位的购物新范式。直到另一个新范式——大型购物中心的出现，抢去了他们大部分的生意。

记住，你所抗拒的终会到来。企图阻止已经来临的变革，其下场比站在一列迎面驶来的货运车面前更惨，特别是当消费者喜欢这种范式的时候。

购物中心和商业街

在连锁百货商店占据了零售业的主要市场份额之后，小店主们终于醒悟，开始接受这一新的商业范式，并开始寻找创新的方法来平衡自己的百货商店范式。

随着汽车的普及，成群的小业主们一起组成了大型购物中心——各种各样的个体商店全集中在同一个交通便利的地方。

购物中心迅速成为风靡北美的一种生活方式。

而今天，百货商场和购物中心都在成为过时的和日渐消失的范式。

正如未来学家费思·伯博科恩在她的畅销书《伯博科恩报告》中说的那样："如同公司一样，我们所熟知的购物体验已变得越来越繁琐、低效、反潮流。大型百货商场逐渐发现，为所有顾客提供一切已不可能。购物中心正在成为行将灭绝的恐龙。"

挽回败局

任何人或事都不是一成不变的，包括百货公司，一个世纪以前市场的赢家现在正处于失利状态。

这是怎么回事？

大型购物商场、专卖店、折扣店、批发店、电子商务正在增加市场份额。自1974年以来，连锁百货商店的消费者购买量已经下降了50%，而折扣店的顾客则同期上涨了65%。与此同时，电子商务正在突飞猛进地发展，进一步吞噬着百货商店的销售额。

今天，购物中心正面临着和百货商场一样的命运——商场太多而顾客不足。因此，为了在竞争中获胜，商家借助好莱坞的诀窍来吸引顾客。进入购物中心如同走进了主题公园，购物成为一种娱乐的消遣。洛杉矶世纪之城，还有加拿大的埃德蒙顿购物中心，被称为购物中心中的迪斯尼乐园。

埃德蒙顿购物中心，有150个足球场那么大，是世界上最大的娱乐中心，有室内泳池和小高尔夫球场！有潜水艇和一艘按照原尺寸复制的克里斯托弗·哥伦布的船——圣玛丽亚号，还有近一千家个体商店。

美国明尼苏达州布鲁明顿市的购物中心甚至比它还要大！接下来呢——在罗得岛州架一个屋顶？但那对刺激购买力有什么作用？

但是，这就是如今购物中心的经营方式。不幸的是，即使是"多管齐下"的方法也不能保证绝对成功。

当范式正在衰落的时候，竞争变得异常激烈。

第六章 变化带来商机

个人特许经营

美国营销方式中最令人惊异的变革是个人特许经营模式。

你知道,在 50 年前特许经营还是一种新兴经营方式,向顾客提供货物、食品和服务的崭新的、更好的服务方式。

那时人们很讨厌它,十分抵制它。

报纸和杂志用大字标题抨击特许经营是何等的阴险狡诈,又是何等的残酷盘剥。关于孱弱老妇在特许经营上花尽毕生积蓄的故事比比皆是。

一些知名的财富 500 强企业也卷入了此事,但首席执行官们拒绝将他们的公司用于广告或者杂志故事,即使是他们自己的特许经营公司也不行!随后,特许经营被宣布非法(听起来与第一批百货商场出现的情形有些相似,对吗)。

如今,这个曾经摇摇欲坠的、所谓的阴谋诡计已经占据了北美零售业 33% 的份额。秉承着一千多个不同的经营理念,特许经营每年销售价值上万亿美元的产品,并且仍呈上涨之势。如果该行业在中国也盛行了,那么数字会更惊人。

特许经营仅仅是新的营销手段之一。很明显,这是一种创新性的、强有力的、极为成功的手段——同时也是一种全新的产品、服务和销售方式。

全新的分配和销售手段

有没有一种全新的分配和销售方式可以超越现有的特许经营呢？

答案是肯定的。

这就是网络营销。

而且与之前的连锁百货、大型折扣商店、购物中心、购物街和特许经营相比，网络营销遭抗拒的程度更甚。它曾经被误解，遭到批评，受到嘲笑，甚至被游说者要求立法禁止。

就像当年的百货商店和特许经营一样。

如今谁笑在最后呢？

行业先锋

在北美，直销有着悠久的历史，可以一直追溯到17世纪，当时，美国佬小贩向相邻城市拉生意。

从一个村子到另一个村子，穿行在小路上贩卖生活必需品，例如锅、盘子、蜡烛之类的东西。

然后，到了19世纪晚期，希尔和瑞巴克的创始人理查德·希尔建立了第一个正式的网络营销回馈系统，在编顾客向家人和朋友介绍希尔的邮购公司，就能获得一

第六章 变化带来商机

定的积分，这些积分可以换取商品或兑换现金。

20世纪早期，一名叫沃克夫人的非洲裔美国人，招募了一些踌躇满志但怀才不遇的黑人妇女，帮她销售护发和护肤用品，沃克夫人付给她们佣金，这奠定了现代网络营销的基础。沃克这位未受过教育的奴隶的女儿，很快认识到个人的充实提高是成功的基础，她在一些城市开办多家培训中心，向销售代表们教授成功的策略。到1917年沃克去世的时候，她的公司在北美有两万多名独立的销售代表。吉尼斯世界纪录大全将沃克列为第一位靠自己成为百万富翁的美国女性。

西尔斯先生和沃克夫人通过非传统的方法为网络营销奠定了基础，这种方法激发每个顾客去赚钱改变自己的生活，同时也让朋友和家人的生活变得不同。

这就是我为什么说新千年的网络营销是实现经济独立的有力手段，它在历史上总是利用最新科技来不断更新自己。正如一名业内观察家指出的："未来是如此光明，你得戴上太阳镜才行。"

我深信网络营销会超过百货公司和特许经营店而取得惊人的成功，网络营销将会使北美和全世界的商品交易方式发生重大变革。

为什么？看看周围吧！

第七章

分销创造财富

很多人经过森林但是看不到柴火。

——英国谚语

著名经济学家保罗·赞恩·皮尔泽在他的巨著《无限财富》中,提醒读者回忆一下20世纪60年代的经典电影《毕业生》中的经典片段:达斯汀·霍夫曼扮演的本是一个对未来一片迷茫的刚毕业的大学生。在一次聚会上,一位年长的智者把本拉到一边,与之分享其商业成功的秘密。

他在本的耳边说了一个词:

"整形手术"。

在《无限财富》中,皮尔泽在我们耳边说了另外一个与众不同,但同样意味深长和奇妙的词:

"分销"。

第七章　分销创造财富

为什么分销创造财富

原因如下：

目前，科技在我们购买的商品和服务上，最明显和最有力的影响，是大大削减了产品生产成本。市场规律表明：你的价格越低，卖得越多。例如，计算器卖125美元一个时，没有几个人有计算器。一旦零售价降到20美元一个，差不多人手一台，甚至两三台。对于电脑、手机和其他产品来说也都是如此。

今天，你能在价值、质量、性能、安全和寿命等方面买到比20年前甚至10年前高6～7倍的产品。你可以买到质量更好的电视机、电冰箱、微波炉、音乐播放器、笔记本电脑等，价格是过去的60%，性能却比原来高10倍以上。

技术进步，大大削减了商品的零售价格。当价格下降以后，曾经的奢侈品变成了必需品。每个人都要有一个，然后两个，随后，是好几个（车库里也要放一些）。

今天95%的家庭至少拥有两台电视机，多数家庭有三台或三台以上。有的家庭甚至在浴室的镜子旁也安装了一台电视机。

一旦你每间屋子都装上了一台或两台电视机，接下来怎么办呢？

追求更好的质量。

客厅里已使用 5 年的 42 英寸彩电被 60 英寸环绕立体声的电视所代替，并且更新的趋势越来越快。现在有了苹果播放器谁还用索尼随身听呢？科学技术不断更新产品的生产方式，并能创造出人们无法想到的产品，因此，总有巨大的市场在等待更新、更好的商品。

为什么东西总是在涨价

如果说商品价格像秋叶一样纷纷降落的话，为什么有些商品价格还没有降下来呢？比如说，食品。

问得好，食品是价格持续上涨的极佳的例子。原因在于种植作物的成本，如小麦、谷子因为新的种植技术和生产技术的提高已经降低了不少。

一箱谷物本身也就值 10 美分。如果将耕作和生产技术提高 20%，食品价格也就能下降 2 美分。那么，为什么在凯洛格或者波斯特一箱谷物能卖到 3.5 美元呢？因为最大的成本不在生产之中，也不在包装上，包装顶多也就加几角钱而已。除了市场，最大的成本在一些你看不到或者感受不到的地方。

最大的成本在分销领域

过去，产品的生产成本通常是其零售价格的一半，但那已经是过去的事了。生产技术的进步——从耕种或

第七章　分销创造财富

采集原材料到制成品的整个生产过程——使得成本降低到最终零售价的 10%～20%。

随着食品的生产过剩,以及中国、印度、墨西哥、越南和其他国家生产原料的成本急剧下降,货物成本将会越来越低。

但当生产成本正在大幅降低的时候,分销的成本却在持续攀升。

分销成本占商品零售价格约 80%～90%。

如今,如果你想成为价格最低、最具竞争力的零售商,应该怎么做呢?

1) 再压低生产成本,挤出几分钱的薄利?还是……
2) 集中在成本的 80%～90% 上,寻求更好的分销手段?

当然是选择第二种方案。

我们看看售价 1 美元的产品,应如何获取利润:

节省 10 美分的生产成本中的 10%～20%,你顶多再赚 2 美分。而赚取 80～90 美分的分销成本的 20%,你的毛利润会增加 16～18 美分。18 美分乘以卖出的数百万产品,我们就能看出一个健康发展的高额利润企业和一个在牙缝里谋生存的企业间的天壤之别。

分销就是财源。如果你不信,那就让我们看一下美国最富有的家族——**沃尔顿家族是如何通过分销领域大发其财的吧**。

沃尔玛如何创造了惊人财富

已故的萨姆·沃尔顿,其家族拥有沃尔玛公司,应该称得上是世界上最成功的商品销售商。

沃尔玛究竟有多成功呢?

四个沃尔顿家族的继承人共进周日晚宴,围坐在桌旁的人所拥有的财富已逾千亿。可能仅在去看望母亲的路上,就有几亿美元流入他们的账户。如果老沃尔顿还在世的话,他将会是世界首富,大概是当今比尔·盖茨580亿美元身价的两倍。

"萨姆大叔"和他的沃尔玛店是如何创造了如此惊人的财富呢?

分　销

沃尔玛分销其他生产商的产品。实际上,他们并没有真正卖出自己的任何商品,他们只是在城里某个交通便利的地方,给人们提供广泛的选择空间,使得顾客能以绝对的低价买到畅销商品和名牌商品。他们在销售方面做得有多好呢?

有一个笑话是这样说的:"你怎么才能找到当地的沃尔玛商店呢?它就在大街上,被堵得水泄不通的地方。"

第七章　分销创造财富

没错，他们就是这么出色！而且发展得越来越好，已经进军食品杂货、处方药、轮胎和汽油等行业，并且已瞄准中国市场。

分销——这就是秘诀

如果你能够开发一种更新更好的分销方法，比当今大多数企业正在使用的方法都更好，那么你会变得非常非常富有。

值得庆幸的是，你不需要完全靠自己去设计或开发全新的分销方法。因为它已经存在，并且正在不断发展。它已经有50年的历史，已在市场上被成功地验证、改进和完善。

如今，成千上万的人们正在全球100个国家和地区销售着数以万计的商品，其革新了人的消费商品和享受服务的方式，他们使用的是最前沿的科技。

这些兢兢业业的分销商们并没有使沃尔顿家族更加富有，却使他们自己的家庭变得越来越富有。人人都可以看出这就是更新更好的做事方式。

第八章

最大优势

> 柯达销售胶卷,但他们并不为胶卷做广告,他们为回忆做广告。
>
> ——西奥多·莱维特

商场里数百万种商品随处可见,每天还有三五千个广告充斥在我们周围。登广告的商家需要有独特的亮点,使他们的产品脱颖而出。

独创性优势是成功广告的圣杯。

做个小测验,看一下你们能否将下列知名产品与其所宣传的产品优势正确相连。

产品   特色/优势

1. 沃尔沃   a. 尽享最低价格

2. 苹果电脑   b. 纵情与震撼

第八章 最大优势

3. 宝马车　　　　c. 顶级驾驶体验
4. 拉斯维加斯　　d. 独特的人体验
5. 沃尔玛　　　　e. 安全至上
6. 蒂凡尼珠宝　　f. 魅力与奢华

答案：1—e；2—d；3—c；4—b；5—a；6—f。

令人作呕的广告

以上6种产品已经存在了数十年，所以他们在市场上的独特卖点已经深入人心。但其他几十万种正在寻找客源的产品呢？商家怎样通过广告在商战中找到自己的独特卖点呢？答案是不断创新。然而令人沮丧的是，他们却在广告内容和投放地点上费尽心机。

"广告客户恨不得在每片草上都打上广告才满意"，商业杂志《广告时代》的主编兰斯克·里恩这样调侃道。为了获得竞争优势，厂商不顾一切地大做广告，即使我们不能说这完全扰乱了人们的正常生活，但它的确给人们增添了许多烦恼。

例如，美国哥伦比亚广播公司共35000个鸡蛋标上该公司著名的大眼标志。公立学校不仅将广播和电视的广告带进校车和教室，而且还将命名权卖给体育设备公司，甚至连餐厅的命名权也是如此。每年美国的航空公司都要从在其餐桌盘子和纸巾上做广告的厂商那里赚取上千万美元,现在正在商谈将广告做在他们的晕机袋上,这不是我胡编的。哥伦比亚公司签署了一项协议,将在所有的主要的棒球联盟公园基地打上《蜘蛛侠2》的广告标语(所幸由于愤怒的球迷们强烈反对,该公司不得不取消了该计划)。

这种争夺眼球的疯狂活动有什么后果呢?顾客开始对这些信息产生免疫力,甚至对发送信息的人产生厌恶感。如果广告太过恼人而使我们无法忍受,我们肯定会记住这个产品但坚决**不买**。

那么,厂商怎样才能突出重围,取得竞争优势,用质量吸引顾客、用真诚打动顾客,而非通过广告狂轰滥炸,使人感到震惊呢?

采用最大的优势——个人对个人、面对面地营销,这就是出路。这也是为什么网络营销像国庆日的焰火表演一样蓬勃发展,而同时传统营销方法的"保险丝"正在逐渐销熔。

面对面服务:最大的优势

大多数人认为低价仍然是营销的最佳武器。

然而事实并非如此。的确,正如沃尔玛证实的那样,**低价确实是一个大的优势。但是拥有最低的价格并不是最大的优势**。如果最低价是最大优势的话,那么每个人都将开着起亚车,常年在家做饭,每年节省上千美元了。

第八章 最大优势

然而许多中产阶级买宝马车,在昂贵的豪华餐馆用餐。为什么?因为人们本能地懂得商品的价格并不简单由美元和美分来衡量。

畅销书《生产消费者力量》一书的作者、市场营销大师比尔·奎恩博士说:"代价是为了得到你想要的某种事物而放弃的东西。"奎恩博士指出,在沃尔玛或者Costco(美国的大型商场名——译者注)购物,你可能会节省一些钱,但同时为了低价你放弃了大量无形的东西。来看一下在沃尔玛购物,你为了得到想要的,不得不放弃什么:

你放弃了宾至如归的服务。
你放弃了良好的购物环境。
你放弃了态度友善、知识渊博的导购员。
你放弃了奢华。
你放弃了质量上乘、独一无二的产品。

简而言之,你放弃了一次愉快的购物体验。为了买一管牙膏时能节省几分钱,你不得不去忍受一次糟糕的经历。该感谢吗?当然不值得。

这就是为什么我说低价并不是最大的优势,甚至风马牛不相及。今天的最大竞争优势与五千年前的一样,再过五千年也应是如此,应是人一对一、面对面地交流互动。

这才是最大的优势，永远都是。

面对面服务

《大趋势》的出版已有几十个年头，约翰·纳斯比特这本具有划时代意义的畅销书指出了改变我们生活的十大潮流。纳斯比特非常准确地预测出个人对个人的交流互动在未来几年将会变得日益重要。

"高科技/高接触这一公式是我用来描述我们应对科技发展时所采取的方法，"纳斯比特在1982年写道，"不管新的技术何时被引入并应用于社会，必须要有一个平衡该力量的人类反应，那就是高接触。科技越发达，高接触应该越多。"

高接触的必要性很好地解释了在手机技术、免费长话服务及即时通讯快捷、便宜和方便的今天，空中旅行仍然占有重要地位的原因。网络视频会议只需花5美元甚至更少，可为何有人宁愿花500美元飞去参加一个商务会议呢？因为科技可以加强人们之间的关系，但它却永远无法取代人与人面对面的互动。

最近一项研究证明了纳斯比特的理论。《社会性智力》的作者丹尼尔·戈尔曼说社会交往容易引起人们大脑的兴奋。戈尔曼指出"社交大脑"在人们交往时十分活跃，但在上网时却不活跃。这也就解释了为什么在互

第八章　最大优势

联网上人们会说些他们面对面交流时永远不会说的话。

戈尔曼声称:"在现代生活中,人际关系的质量正在下降。我们需要提醒自己多把注意力放在与人的交往上。放下耳边的手机,关掉它,注意与你交流的人的最新动向。"

正在寻找最大的优势吗?那么与人密切接触吧,不管他们是你的商业伙伴、客户、消费者,还是你的朋友、亲人、孩子、伴侣或者相识。**再多的高科技也替代不了我们与生俱来的与人交往的需求。**

最大的优势就是一次真诚的握手、一个自信的微笑、坚定的眼神、专注的倾听、会心的笑容、怜爱的表情、在背上轻轻的一拍、心照不宣的点头或者一个彼此接纳的拥抱。即使是在我们无所不能的新信息时代,对于高接触的需求也永远不能被替代,不能将人性数字化。

欢迎来到好客经济时代

20世纪70年代,广告客户只要购买在三大主要媒体晚上9点的广告时段就可以保证90%的电视观众能看到广告。如今,商场形势日益严峻。今天的顾客期望更多,要求更高——不仅仅要求商家在30秒内将他们的产品特点介绍清楚。

"我们处在一个新的商业时代,"《摆好餐桌》的作者丹尼·梅尔如是说,(他在纽约市拥有11家餐馆,经营很成功)"现在是好客经济时代,不再是服务经济时代。服务只是产品的传递,而好客使产品的传递最容易让人接受。"

网络营销因其强调一对一、面对面的信息传递和服务指导,因而成为好客经济的最好写照。网络使得人们有特别的体验,极具活力,充满希望,乐于参与,并且也更加人性化。

当传统营销人员还在冥思苦想给电视观众留下深刻印象的创意、不断失去市场份额的时候,网络营销人员正在与人握手,广交朋友,招募新的商业伙伴。

网络营销给普通人提供十足的盛情,这是获得独一无二的、顶级产品及服务的必由之路,也是建立低成本、高利润商业来维持生计的机会。

现在你应该理解为什么网络营销堪称最大的优势了吧,接下来让我们了解什么是网络营销以及它是怎样运行的。

第三部分

新经济　新趋势　新财富

第九章

什么是网络营销,它是怎样运行的

我们已经走过了大工业时代和大公司时代。但我相信,现在是一个创业的时代。

——罗纳德·里根

80／20 法则

我并不是说网络营销是完美无缺的,人们在这一行也有失败的例子。就像有人在学校表现欠佳,或退学一样。顺便说一句,放眼世界,你是否看到更多的成功与失败?

正如它适用于房地产销售、政府工作等其他方面一样,80／20 法则也适用于网络营销:20％的人做着 80％的工作,并且合理而正当地挣着 80％的利润。

网络营销是一种非传统的销售和分配方式。这就是

第九章　什么是网络营销，它是怎样运行的

为什么现在参与其中是最好不过的时机了，但这并不适用于那些从心里和意识里将钱投资在力图保持现状的人们，就是那些像墨守成规的坚持瑞士手表范式一样的人。

但是，请记住已故萨姆·沃尔顿的建议："当其他人正在向下游漂去时，你要向上游逆流而行。"如果你想在这个世界上有所作为的话，走出去用新颖的更好的方式去做事，然后隐藏锋芒！因为到处都有喜欢说"不"的人反对。

网络营销是怎样运行的

网络营销模式以其简单和高效著称。

网络营销公司生产或销售一种产品或服务，与独立的分销商建立伙伴关系。每个分销商均独立经营。该公司负责研发、财政、管理、公共关系、仓储、生产、包装、质量控制、行政、物流、订单处理等事项，由公司向分销商支付佣金。

分销商建立持久的消费顾客群。一方面帮助自己建造管道；一方面帮助公司分销产品，并为顾客提供服务。

广告商会告诉你，产品售价的80%，都是花在市场开发上的。据《今日美国》杂志报道，商家将花费2700亿美元用于在主要媒体和直接邮寄上投放广告，将来还会投资数十亿在"新型广告媒体"上，即小型在屏显示器，例如苹果播放器、手机、笔记本电脑和视频游戏机等（这是为什么网络营销公司能支付给他们的分销商那么优厚的利润，而不是把钱用在媒体广告上，**他们以佣金和红利的形式为独立分销商留出资金**）。

从广告上省下来的钱，网络公司能够给分销商提供支持销售产品，包括对在线订购系统、教育和培训系统、品牌支持服务等方面的支持。

分销商的工作则是通过一个个独立的大大小小的分销商网销售尽可能多的产品，因为分销商通过从分销出去的每件产品中获利。独立分销商建立起来的消费联盟或者消费群体将给他们带来持久的利润。

网络营销的强大优势之一是在一个大的营销网络中逐渐积累少量利润然后慢慢做大，他们已经超越了传统的直销方式。

众人拾柴火焰高

传统直销方式的成功依赖于几个顶尖销售员，他们每个人可以售出大量的商品。另一方面，网络营销则恰恰相反。这个行业的成功依靠大量的人员每个人做自己的一小部分贡献积累起来的。

网络营销者建立了一个由独立的分销商组成的网络，其中每个分销商都拥有自己的网络营销企业来销售产品或继续建立分销网络。

不管你什么时候加入公司，你都可以自己说了算。

不像传统的公司只有最上面一个总经理,在网络营销中,每个人都是自己公司的首席执行官,表面看来这是一个首席执行官的网络。

公司与经销商双赢

现在,网络营销已经做了许多漂亮的工作。他们大幅削减了分销和销售中的成本(记住,一个产品价格的80%来自营销)。

实际上,公司与他们的分销商建立了一种合伙关系,公司提供从产品到奖励物质而作为交换,分销商努力销售。公司也会得到报偿,因为它降低了企业的一般管理费用,也削减了传统商业模式中的许多成本。

公司没有必要自己雇用推销员,他们免去了销售人员办公费用、员工薪水、电话费、车辆交通费、差旅费用和应酬费用等成本。

公司也不必非要做广告,除非他们选择去扩大商品的品牌知名度。分销商通过一直以来最强有力的广告方式——口碑营销口口相传,来做大广告,分享利润。个人的认可是向消费者宣传其商品的最好办法。这也是为什么世界上一些最特别、科技含量最高、质量最好的产品都是通过网络营销来提供的。

公司不需要招聘或者付薪给临时工、批发商、经纪人、店长、店员等这些染指"利润蛋糕"的中间人。既然网络营销公司不需要这些工作,因此他们有足够的钱来付给独立的分销商,由他们来负责销售产品。

就是这么简单,简单得难以置信!

网络营销没什么神秘的,它只是另一种形式的销售和分配方式。

是不是一种更新更好的形式?你自己来判断。

100％复制——分销商怎样建立自己的企业

你听说过倍增概念吗?

"复制"这个词最初是加倍的意思,这个加倍的概念在财富创造和网络营销中是最有力的动力之一。为了理解加倍这个概念,把你自己放在下面这种情形之下:

如果我现在立即给你100万美元现金,或者我给你1分钱,每天翻1倍,持续1个月,你将会选择哪种支付方式?

如果你像大多数人一样,你可能会选择立马得到100万美元。但听我的建议,不要这样做,而是选择后者,每天翻1倍。

为什么?因为每天翻1倍的概念是非常狡猾而强大的方法。

下面让我们来验证一下:

乍一看,1分钱1个月中逐天翻1倍听起来没什么。说实在的,一开始也的确不起眼。

第九章 什么是网络营销,它是怎样运行的

5天以后,你一共也就得到16美分。

15天后,你的钱会一下子增加到163.84美元。

看起来很有前途,不是吗?

如果你开始后悔接受了我的建议,等一下,后面还有更多。

到第19天,你会得到2621.44美元。

再过6天,也就是第25天,离月底只有5天时间了,你将会拥有超过167000美元。

这就开始变得有意思了。再过1天,你的钱将会翻1倍至335000美元。

再过1天,超过671000美元。再过1天,即第28天,你的钱已经超过1340000。

两天以后,到了第30天的时候,也就是本月的最后一天,你将会得到一笔巨款,总计5368709.12美元!超过500百万美元!(如果你足够幸运的选择了一个有31天的月份,你最后将会得到大概1100万美元!)

这都是从1美分开始的,仅仅是每天简单地翻1倍。

这种倍增的理论就是网络营销业务增长的方式,并且它使得网络成为自由企业历史上扩张最快的方法。

网络营销是 21 世纪普通大众最伟大的创富工具。

像麦当劳一样致富

你知道,麦当劳并不是一开始就在全球拥有 1 万多家餐馆。他们是从 1 家开始逐渐发展起来的。这也是你开始网络营销的方法,每天多增加 1 个客户。

你觉得有可能每月找 1 个人来加入你的事业吗?找 1 个合伙人就行,他想拥有更多自由、认同、快乐和安全,他想要改善自己家人的生活。

1 个月找到 1 个合适的人,这就行了。

一旦你支持那个人加入你的事业,你就变成了他们的教练、导师。这就意味着你不需要将你的重心放在销售上,你只需要教授、培训、指导他们,帮助他们成长。

那么,第 2 个月,你教会你的第 1 个合伙人怎么去发起另外 1 个人,同时你去发动另 1 个新人。那么,在第 2 个月底,你自己发动了两个人,你的第 1 个合伙人发起了 1 个。现在你有 1 个 4 人团队了,你和另外的 3 个人。

第 3 个月、第 4 个月、第 5 个月……你继续这样做。

你在第 1 年最后的时候,你亲自发起了 12 个人。他们每个人每月也发起了一个,如此类推。网络营销的真正艺术(也就是倍增理念的惊人力量)是教会每个人怎样每月去发动一个人,年底时你的组织将会发展到 4096

个成员。

一种成熟的商业模式

在20世纪40年代初,一个叫做"加州维他命"的公司发现他们所有的新销售代表从一开始就是满意的消费者,这些销售代表的新客户大多数都来自朋友和家人。公司还发现让很多人每个人卖少量的产品比找几个销售之星自己卖大量的产品要容易得多。

所以,这家公司明智地把这两种方法结合起来,设计了一种营销和回馈结构,鼓励他们的销售代表从满意的顾客阶层大部分都是朋友或者家人中招募新的分销商。然后公司将他们整个团队的销售额的一定比例奖励给销售员工。结果是令人震惊的:尽管在分销网络中的每个个人不过卖出了几百美元的产品,但整个团队一共卖出了价值上万美元的维他命。

现代网络营销诞生了。

今天的网络营销在哪里呢?它走过了很长的一段路。

数千家网络营销公司还有很长的路要走!网络营销公司正在美国、加拿大、墨西哥、南美洲、英国、欧洲、澳大利亚、新西兰、以色列、日本和环太平洋地区运营。仅在马来西亚这样的一个小国家里就有800多家活跃的网络营销公司。

沃伦·巴菲特拥有三家网络营销公司

据报道，网络营销在国际产业中有1000亿的份额，涉及世界财富500强和纽约证券交易所的上市公司。世界第二富翁沃伦·巴菲特拥有3家网络营销公司，日化用品巨头高露洁拥有数家成功的网络营销子公司。

网络营销公司有着50年创新史，主要表现在其生产线上，以尖端科技产品和服务为特点。

例如，网络营销公司在安全环保、无添加剂、无防腐剂、无杀虫剂、生物可降解产品和包装方面以及不经过动物实验的产品等方面遥遥领先，比这些产品在市场上畅销早好几年。

实际上，网络营销公司在整个行业中都起到了先锋带头作用：能源饮料、减肥产品、健康零食、天然维他命和矿物补充品、水净化装置和浓缩的、绿色环保的家庭清洗机和清洁剂，等等。

现在网络营销正在获得世界范围内的认可，越来越多的产品正在通过这种动态的产业方式卖出。如今，你可以买到在商店里的任何批发产品，产品的种类和服务都很丰富。从杂货到汽车、从电话服务到体育用品、从随身携带充电器到打折的旅行服务。

我们还可以列举出若干。

什么样的人在参与网络营销

是像你我一样的普通人。来自不同行业,形形色色的人们,从银行行长到房屋粉刷匠,家庭主妇、承包商、脊椎指压治疗者、喜剧演员、工程师、警察、看门人、理财行家、有固定收入的退休人员、驾着游艇环游世界的退休老板等等均参与其中。

在网络营销中,重要的不是你从哪里开始,而是你从哪里结束。不管你从哪里开始,只要你乐于接受新思想,积极乐观,善于学习,你就能够拥有自己成功的事业并且自己掌控一切。

合作与竞争

网络营销成功的主要原因之一在于它是建立在合作而非竞争的基础之上。与传统商业不同,网络市场的事业进步直接通过你帮助你的伙伴、你的公司和整个行业里所有人共同成功而实现的。

正如圣经故事中讲的,那个死去的女人突然发现自己在圣彼得的门前,她问圣彼得天堂和地狱的区别。

圣彼得先带她来到地狱,她看到一眼望不到头的宴会桌上摆满了最丰盛的、让人垂涎欲滴的食品,有很多她见都没有见过。然而，坐在桌边的人们都在尖叫哭喊，互相拉扯头发，把彼此的衣服撕碎。她从来没见过这种可怕的痛苦场面。

她正准备问圣彼得为什么面对着如此丰盛的晚宴，人们却如此悲惨。但当她环顾一下四周，自己便发现了答案。他们所有的餐具都有3英尺长，桌旁没有一个人能够尝一口盛筵的味道。

随后，当她来到天堂，她惊讶地发现了一模一样的场景，同样一眼望不到边的桌子，同样丰盛的晚宴，甚至连3英尺长的叉子和汤匙都一模一样。但在这里，每个人都非常快乐，笑声不断，人们相处十分愉快。

"我不明白，为什么这儿的人们如此快乐？"她惊讶地问道。

"因为这里是天堂，"圣保罗轻声说道，"餐具虽长，但他们彼此合作，喂对方吃饭，因而很快乐。"

合作而非竞争，是越来越多人被网络营销理念所吸引的最有说服力的原因。实际上，我能想到的形容网络营销的词是已经成为商业行话的一个词——授权。网络营销是所有产业里面最有授权意识的行业。

人们为什么置身于网络营销

人们涉足网络营销是因为他们有着强烈的愿望，想生活得更好，工作得更好。

因为他们想要自主安排时间，自己做老板。

因为他们想要通过帮助别人成功来获得自己的成功。

因为他们敢于梦想，并相信梦想最终会实现。

因为他们有勇气和动力来做些事情改变现状，过上更好的生活。

因为他们充满激情，想真正实现自己的价值，而不是每月领一张固定的工资单。

因为有人足够关心他们，告诉他们未来的巨大机遇。

因为他们已经为改变做好了准备。

未来就是现在

朋友们，事实是：网络营销是你们的未来，你们迟早会被卷入其中。怎么介入全在于你，别人无权干涉。你也将从网络营销中买东西，买很多东西。或者你会去卖东西，建立公司从中谋利。

你自己选择。

问问自己："我想成为那个花钱买东西的人呢还是从中赚钱的人呢？"

现实是：如今我们靠两份收入过的生活还不如我们的父辈靠一份收入所过的生活。世界变化太快。历史上第一次美国一整代工人的财政状况比他们父母同年龄时的状况还要差。

记住，整个北美只有不到0.5％的人能够挣到年薪10万甚至更多。如果你想成为他们中的一员，你必须要去做一些创新的与众不同的事情。

迈向经济独立的新工具

如果拿时间换金钱你永远也不会创造出真正的持久财富。甚至医生、律师和印第安酋长也不能这样做。如果花费不菲的大学毕业生都无法阻止这种趋势，你又怎么行呢？

在网络营销中你可以摆脱时间换金钱的陷阱。

持续性收入、被动收入就是其真谛所在。多少自己创业的人能够离开一个月，回来时带着一张面值更大的支票？实际上，又有多少自主创业的人能够生存下来，并在商界占有一席之地？

在网络营销中，你就可以做到这样。我认识一些网络营销商，他们出去度了个蜜月或者长假，回来后发现更大的支票在等着他们，比他们离开时业务还好。这就是持续性收入的力量。

如果你是一个女人、黑人、西班牙人或者其他少数群体，或者你是那些没有专业大学文凭的人中的一员，企业和专业领域的大门一般说来都是向你关闭的。

网络营销则不然，它是完全开放的。没有晋升的限制——实际上,没有任何形式的限制。你是完全自由的。

看,我和你没什么不同,我也不比谁更聪明。我上过大学,也没有学到怎样才能经济独立。我曾有过工作,人们告诉我应该做什么:按时上班,挤公交车,马不停蹄地在这场竞争中追赶别人,争取不被落下。

我建造船只,每个小时仅赚 5.5 美元。我焦急地等在桌旁,忙忙碌碌却感到迷茫。我也自己做过生意,最后不得不退出,赔了二十多万美元。

但如今,因为我投身于网络营销产业,我经济独立而且自由自在。你说这能一样吗?

如果你想创业,如果你想学习,如果你有强烈的成功愿望,那么,你可以在网络营销中实现这一切。

当幸运来敲门,你准备好了吗

约翰·卡森曾说过:"仅有才干并不能使你成功,有了合适的时间、合适的地点还不够。最重要的是,你准备好了没有?"

我们千方百计抵制变化,这是很有意思的事。即使当墙上、天花板上、地板上已经写满字迹,我们仍然想留在我们习惯了的地方,即使我们并不舒服,即使我们过得很痛苦。

我们不要美化他们,自欺欺人了。为了让事情改变,你必须改变;为了让事情变好,你也必须提高。

你可以抱怨父母、老板、政府、任何人，甚至所有人。但一个简单的事实是：当忍受比改变还要艰难时，你会选择改变。

这就是中国人常说的那句成语——固步自封。

扪心自问，自己是不是真的喜欢在生活和事业中的前进方向呢？也许是到了该改变的时候了，也许是到了该仔细看一下网络营销的时候了。

第十章

怎么没人告诉我

我的兴趣在未来,因为我想要把我的余生全部都献给它。

——查尔斯·F·凯特灵

正如我先前指出的,在20世纪50年代和60年代初,一个被媒体攻击的大恶是刚刚发展起来的特许经营行业。为了更好地理解还没有告诉我们关于市场营销的真相的原因,让我们简要看一下媒体和他们在旧范式中的老伙伴(百货公司和连锁店)是怎样联合起来反对更新更好的被称做特许经营权的分销方式。

让我们回到特许经营的时代,当有人抱怨特许经营店赔钱的时候,媒体尽其所能去寻找骂他们的文章。这些文章极力夸大事实,想把特许经营打倒。

为什么?

因为这些旧有的、老牌的百货公司和连锁店是山中之王，他们在电视、广播和报纸上花费了巨额广告费用，而且没有人急着把赚钱的"牛"杀掉端上餐桌。因此，媒体就报道负面新闻，百货公司老板打电话（或者直接贿赂）劝说国会议员通过立法阻止这些特许经营暴发户，将他们扼杀在起步阶段。

同时他们还利用选举来达到他们的目的。

但最后，更新更好的方式总会获胜。今天北美特许经营方式占了货物和服务销售的33％。

关注和在乎的是钱

媒体会使你相信他们关注和在乎的不是钱，而是真理和正义。

我只知道，如果有人告诉你与钱无关，放心吧，肯定是关于钱。

与那些面临特许经营威胁的大型百货商店和国有连锁店相比，你们觉得早期的特许经营商花了几百万美元的广告费？

报纸、杂志、广播和电视并不是从读者、订户、听众和观众那里获利的，媒体赚的是广告客户的钱，而且是相当大一笔钱。如果你不是出大钱的广告客户，你就得不到你需要的正面积极的广告，尽管它根本不值这些钱。

第十章 怎么没人告诉我

你凭什么要这样做呢？你又不是为媒体赚钱。

另外，如果你是那些新兴的、具有竞争力的市场商人，你从那些有数十亿美元的市场预算而不用支付广告费的广告商那里赚取利润，会怎么样呢？

你以为经营着生意兴隆便餐馆的伍尔沃斯和格兰特会怕雷·克劳克和他的麦当劳怕到发抖吗？曾经麦当劳强到可以从他们手中抢到市场份额，其他餐馆便在报纸、广播和电视上大量做广告，这是一场广告战！

猜猜媒体会站在哪一边？

即使拥有和投资特许经营的财富500强公司也害怕告诉公众他们已经涉足该领域。他们在会议室里密谈说："谨慎点。如果特许经营搞砸了，没有人会知道我们也参与了。"

伙计，我们需要的是勇气。

所以在表象背后，排挤特许经营的活动已经蒸发得没影了。

- 零售商给媒体施加压力（他们的销售正在减少）；
- 厂家给零售商施加压力（他们也面临同种情况）；
- 媒体给公众施加压力（他们的广告客户受损失了，而新来的却不肯花费跟旧广告客户相当的广告费用）；
- 一些政治家受到拿着高薪的老板的游说给州和联邦政府施加压力，这些大老板手中握有大量选票，甚至能提供更大的竞选捐献。

总而言之,他们尽其所能来反对特许经营,宣布其属于非法!

特许经营的生存是一个奇迹

特许经营不仅生存下来,而且蓬勃发展起来,因为它是一种更新更好的做事方式,因为你所抗拒的东西终会到来。

如今,我们买的所有东西和服务有 1/3 都来自特许经营(如麦当劳、邓肯多纳圈、爵士运动操、邮箱、假日酒店等等),在世界年收入中占到近一万亿美元,并且还在以两位数的速度增长!!!

今天你在报纸上还能看到一些攻击特许经营的讨厌文章吗?还有某些电视节目的曝光吗?没有。今天你听到和看到的是特许经营的标语深印于我们的文化意识当中:

"今天你有权休息一下。"

"牛肉在哪里?"

你能找到一个比特许经营在报纸、杂志、广播、电视上做的广告还多的行业吗?特许经营业赚钱无数,在北美雇用了大量员工,他们纳税无数,购买选票为联邦、州和地方经济做出了巨大贡献,现在看看政客和媒体是多么高兴而且愿意与他们合作!

伙计们,还是钱说了算,你知道什么能使鬼推磨。

第十章 怎么没人告诉我

全部登陆

让我们来看看这个，关于特许经营早期奋斗并获得承认的故事跟网络营销有类似之处。

与传统零售商、电子商务站点和特许经营店的市场预算相比，网络公司在广告上花费甚少。电视、广播、印刷物等传统媒体和因特网等新媒体都不喜欢它。

更糟的是，网络营销正在逐渐扩大，换句话说，我们在市场的自由创业制度取得了巨大成功，正处于最佳阶段。在世界范围内有数百万的网络营销商、数千万满意的客户，每年通过网络营销售出的产品达数十亿美元。

对于巨头公司和重要的大零售商来说日子更不好过，因为他们心里已经开始产生了怀疑，怀疑我们可能是对的，我们可能真的代表了未来的潮流，我们也许真的能够把他们偷走的自由还给自由企业。

关于广告的另外一件事

几年前，美国最古老的百货公司的创建者约翰·沃纳梅克说：

"我估计我的广告费有一半都浪费了，只是我不知道是哪一半。"

但在"大男孩"经营的美国企业却不符了。广告和媒体分析师估计每年的广告费不低于两千亿美元,大部分都进了电视台的腰包(尽管网络正在奋起直追)。面对现实吧,美国企业和媒体并不是同床共枕,他们是屁股连在一起的连体婴儿。

你知道今天在"超级杯"比赛时买一个30秒的广告时段要花多少钱吗?从2000年的100万美元涨到今天的250多万美元。传统大公司买了三四五个时段,并付广告费给辛迪·克劳馥和老虎·伍兹。6个小时的播放和"超级杯"年度冠军赛在内,广告客户的花费如今创纪录地达到了2.21亿美元。百威以10个时段领先于其他广告客户,一下午的广告费用就花费了两千多万美元。

抗干扰的力量

有一天,两只好奇的青蛙掉进了一桶牛奶中。桶很深,所以要从这个桶里出来还有很长一段距离。两只青蛙开始不停地跳啊,跳啊,但是没有一只能够够得着桶口的边缘。

碰巧其中一只青蛙是个聋子,因此这只青蛙从一开始就没有听到其他青蛙聚集在桶边对它们的冷嘲热讽。它们嘲笑它俩,对着困在桶里的它们指指点点,还取笑它俩,给它们起外号。

另外一只青蛙听到这些非常生气。它使劲地跳啊跳,并对自己说:"等着瞧吧,我要亲自证明给这些家伙们看看。"但过了一会儿，它跳累了，开始变得沮丧难过，外面的青蛙越奚落它，它就越沮丧。最终，它放弃了希望，不再试图跳出去，最后淹死在桶里。

另外一只听力不好的青蛙没有听到伙伴们的冷嘲热讽，它一直不停地坚持试图跳出这个桶。每一次它往上看到它们，它都变得更加坚定，而且跳得更高。最后，它一次次的试跳将牛奶变成了黄油，它轻松一跃就跳到了桶外。

当他出来以后，其他青蛙问它为什么它们喊它的名字取笑它都没有使它像另外一只青蛙那样沮丧放弃，这只青蛙回答说："啊！我不知道你们在取笑我，我还以为你们在给我加油鼓劲呢！"

你是那只"听力不好的青蛙"吗？

你需要有自己的判断，因为只有你，才会对自己真正负责任。

像巴菲特一样思考

许多传统大型企业都喜欢直销公司。世界 500 强伯克希尔·哈撒韦公司重组后，其首席执行官沃伦·巴菲特（世界第二富翁）执掌的公司比大多数其他公司都要赚钱，而且他对能吃苦受累的直销公司有着一种特殊的偏爱。他的旗下拥有 3 家这样的直销公司。

花旗银行是世界上最大、利润最好的金融机构，它拥有一家网络公司。多媒体巨头时代华纳公司也拥有《时代》杂志、美国在线服务公司、美国家庭影院频道和华纳兄弟电影公司等。

这3家财富500强公司非常有理由偏爱它们的网络子公司。它们正在成长、赢利并且很得股东欢心。

还有谁不再尝试进入网络营销？许多国际大公司，如戴尔电脑、欧迪办公、世界上最大的图书销售商巴诺书店、世界最大的花卉产品公司FTD Florists、索尼等，仅列出以上几个。他们都通过网络营销提供上千种名牌产品。

美元与常识

为什么？因为网络营销正在制造越来越多的现象（在商业中指的是美元和美分），也就是所说的底线。

同时，传统营销世界里的成本却已经高得越来越离谱了：

即使是对于资产上百万美元的公司来说广告费也太昂贵了；

分销和销售成本直线上升；

消费者真正需要的上千种好的产品很难到达市场，因为即使是再大的公司也难以支付高昂的营销成本；

消费者不再信任公司或者他们的广告，零售人员自己都搞不清楚产品的区别，又怎么能告诉消费者他们应

第十章 怎么没人告诉我

该买什么或怎样使用产品；

消费者对产品的要求越来越高；

消费者需要更多更好的服务和家一般的舒适感；

竞争对于每个人来说都越来越激烈；

当生意最需要他们的时候，网络营销的非传统方法提供了更多正确答案。

我知道你以前还没有得知网络营销的真相。

现在你已经理解其中的原因了吧！

从某种程度上来说，我还有一点暗自庆幸我们没有得知真相。

金矿的秘密

就像是找到一个很大的鱼洞，你把你的鱼钩扔下去，几分钟就逮到一条鱼，并且一条接一条上钩，而且还是大鱼。这是一种你可以仔细分享的发现，是秘密，你只对自己的朋友提起。

网络营销就像那个金矿的故事：一个人深夜在山路上开着车，突然他的汽车前灯被路边的某些发光的东西反射了一下。

这个人把卡车停在路边，拿起手电筒走进他认为东西所在的树丛里。

他分开树丛，用手电筒在里面照来照去。当拨开最后一丛树枝时，他惊讶地发现一块金条正躺在一个巨大山洞的入口。他跑上前去，用手电筒照向山洞，发现里面竟然满是金条。

这个人简直不相信自己竟有这样的好运！他抱了一堆金条装到自己的卡车上。但当他返回山洞时，他更加惊呆了。那个地方像变魔术似地出现了比刚才多一倍的金条。

他发疯一样迅速开始工作，把自己的汽车装满金条，以至于轮胎都快被压爆了。到他离开的时候，金条还在从山洞往外溢出，穿过丛林，甚至都快到了路上。

他用树丛把洞口尽可能严实地盖上就回家了。

你会和谁分享你的金子呢

我问你，如果那个人是你，你会和谁分享你的金矿秘密呢？你会跑到当地报纸去登个广告或者在路上随便拦住一个陌生人然后告诉他，你发现了一个金矿吗？还是你愿意和你认识、关心的人分享你的发现？你当然会告诉那些你最亲近的人，对不对？

从某种程度上来说，我觉得网络营销就像金矿。我的意思是，我喜欢那种让平凡人改变自己生活的想法，普通人过上不平凡的生活。我可以接受"暴发式公司"的到来，这是迟早的事。但是说实话，我真想让它晚一点到来。

越晚越好。

第十章　怎么没人告诉我

让他们继续等待，死熬下去。

毕竟，他们这些年来对我和你就是这样做的。

我知道他们正在登上网络营销的列车，每个人都是这样，这只是时间问题而已。但在他们采取行动之前，在网络营销变成像特许经营一样的兆亿美元的产业的时候，我希望我们这一部分少数自己人先得到我们应得的。

那些自己的梦想被偷走的人们应该首先采取行动。我完全赞成让采纳新范式的人们得到蛋糕而让旧范式的"贼"惊讶不已。

有首歌是怎么唱来着？

"现在你是先锋，

随后终将变成老末，

因为时代在不停变化。"

伙计们，"答案在风中飘扬"——这是什么样的一股风啊！

这将会是有史以来最大的飓风，它的名字叫做网络营销。

第四部分

你的生意

第十一章

你骑着一匹死马吗

世界上最富有的人建立了网络,而其他人则接受培训去寻找工作。

——罗伯特·T·清崎

一位朋友给了我一本带插图的儿童书,书的题目很奇怪:《如果你骑着一匹马,马之将死,请适时下马》。这是一个幽默诙谐的寓言故事,用以彻底反思美国教育。该书开篇画着一个孩子骑着马在一座校舍前,后一页是马已死而孩子仍然坐在马鞍上。在接下来的页面中,几乎每一页都有形形色色的"专家"对如何骑一匹死马各抒己见:

让我们去参观一下那些成功骑着死马的学校。
让我们组成一个委员会好好研究一下死马。

第十一章 你骑着一匹死马吗

我想我们应该提高驾驭死马的标准。
……

书的最后两页,一个小男孩走上前,指着那匹马说:"我知道该怎么做了!如果你正骑着一匹马,它死了,那就下马,然后尝试新的方式。"在这页背面是一辆锃亮的新汽车代替了死马。

现在的交通工具能将你载向梦想之城吗

故事的寓意不言而喻,对吗?但为了防止读者未察觉其中的深意,作者给出了清楚的阐释:

当骑着的一匹马快死了,你该怎么做?古之贤人告诉我们应该下马,另找一个更好的交通工具,不管是一匹新马还是其他全新的方式。不幸的是,太多的人仍拽着死马不放,这个方法意图良好,但不切实际。

那么你呢?你正骑着一匹死马吗?请坦诚地回答下列问题:

——你现在的工作能带你到你想去的地方吗……或者它只是你的一个习惯?

——你的退休金计划一直在更新进步吗……或者它只是在原地踏步?

——你在朝实现梦想的方向行进吗……或者你已堵在半路？

——你在当前的工作岗位上能持续成长吗……或者成长之藤早已干枯？

——你得到了工作应得的价值了吗……或者只得到了一份酬劳？

——你在事业中不断前进吗……或者你只是在踩水？

——你的未来一片光明……还是暗淡无光直至一片漆黑？

最后一个问题：你当前的工作是一个铮铮发亮的新交通工具，将你成功送到理想的彼岸……还是一匹已死或垂死之马？

加足马力，整装待发

《富爸爸、穷爸爸》系列书丛的作者罗伯特·T·清崎是这样谈论网络营销的：

"网络营销行业将继续发展，速度远胜于特许经营行业和传统企业。简而言之，网络营销，低成本介入，高质量培训，一个伟大理念蓬勃发展的时代已经到来。"

在变卖了成功经营的传统企业和精明投资的房地产业之后，清崎得以 47 岁功成身退。显而易见，在如何创造财务自由方面，他是精明能干的，这从他的 10 本畅销书中也得到证实。书中，他详细阐述了如何通过转化薪水收入为被动收入来创造财富。

到底网络营销为何物，能使商界超级成功人士，如罗伯特·T·清崎和沃伦·巴菲特对其赞不绝口，巴菲特还购买了3家网络营销公司？

要回答这个问题，我们就需关注网络营销区别于传统行业的一些特征，用清崎的话说就是："一个伟大理念蓬勃发展的时代已经到来。"更令人兴奋的是，据专家指出，这个行业的腾飞才初露端倪，将大有可为。

一生的重要机遇

为什么说网络营销是大众创富的大好机会，对他们的生命意义重大呢？理由是多种多样的。首先在我脑海里浮现的是20大理由，让骑马者纵身下马，去开启那辆马力十足、名为网络营销的梦想之车。

拥有网络营销企业的20大好处

1. 建立你的管道生意：当人们沉迷于提桶的时候，你已经开始铺设自己未来的管道。
2. 特许经营的商业模式：网络销售通常被成为"个人经销店"或"备选经销处"，它充分吸收了特许经营的优点——已被证实的二元经营模式……也克服了特约经销的缺点——庞大的特约经销预付金和每月对母公司交纳的一定比例的利润。

3. 时间和金钱的杠杆作用：美国亿万富翁保罗·盖蒂定律对杠杆作用有精到的概括："我宁愿让100个人每人做出1%的努力，也不愿我自己花费100%的努力。"网络营销的关键不是一个顶级推销员独自销售大量的产品，而是许多平凡的人每人都销售一部分产品，这样日积月累。

4. 平凡者获得不平凡收入的最好机会：网络营销并不要求有花费昂贵得到的大学学位，只要思维是开放式的，愿意学习一种独特的商品分配体系就行了。

5. 教育与培训体系：体系是已被证实的、人们可以习得并使自己能力得到最大发挥的程序。优秀的网络营销者拥有自身的体系来吸引更多的人进入。

6. 持续的被动收入：作为雇员，你用时间来换取金钱——一个小时的工作换得一小时的收入。而网络营销使你能够有效调节时间和工作，在业余时间你仍能获得源源不断的收入。

7. 自助且助人：要使自己的生命留下印痕，还有什么方法比返还利益给他人更好的呢？最好的方法是在实现自己生命中最需要的一切的同时满足他人的愿望。

8. 低成本进入，潜在的高额利润：在网络营销中，你只需花几百美元就能建立一个具有潜在高额利润的"个人特许店"，而无须像建立一家传统的特约经销店那

第十一章 你骑着一匹死马吗

样花上几十万美元（或更多）。

9. 选择你的工作伙伴：在网络营销中，你可以选择自己的同事，而非传统工作岗位那样，你被迫与一群陌生人共事，有许多人是你这一生都不愿与之为友的。

10. 做自己的老板：制定自己的工作时间、工作目标，自己选择项目，你可以一天工作两个小时，也可以一天干20个小时。你是公司的CEO，所以你自己发号施令，自己享受收获的果实。

11. 选择你的参与层面：想要每月多花几百美元吗？想干兼职还是全职？想开发当地市场？还是拓展国际市场？选择权在于你，真正的自主选择。

12. 没有各方面的晋升障碍：你已经厌烦了因公司企业文化导致的晋升障碍吗？你无法升职，仅因为你的性别？或者你的种族？或者你的口音？或者你没有"上对"学校？网络营销是完全民主的——只要你业绩良好、会赚大钱和获得了认可。如此而已！

13. 收入没有上限：在传统工作中，老板用批发价购买你的劳动，然后将你的劳动拿到市场上用零售价出售，他赚取其中的差价。结果，你从来不会获得这份工作应有的报偿。在网络营销中，你可以自主决定你的投入和产出。

14. 无限的领域：传统经销店把你的销售范围限制在特定区域，而"个人特许经营店"并非如此。母公司所到之处，你都可以建立一个机构。

15. 低廉的管理费用，简单的财产清单：网络营销中，许多拥有几百万资产的企业主在家办公，宁愿把利润放入自己的口袋，而不是存放在办公室或职员那里。

16. 真正拉他们一把：网络营销给予人们以个人的帮助（而非政府的施舍），激发他们自立自强。

17. 用批发价购买个人使用品：因为网络营销出售特有的、零售店没有的前卫商品，发行人有更多的优势对其中个别个人用品或家庭用品进行打折销售。

18. 开拓电子商务：在历史上，网络营销公司及其运作者原本就是高科技的早期催生者。毋庸置疑，大多数网络营销公司已经设立了内容丰富的电子商务网站，使订货更加方便快捷，也能为操作者提供持续的教育和培训。

19. 鼓励个人发展：公司和成功的销售者都明白要发展企业，必须实现自我发展。因此，他们推荐和生产大量书籍、磁带和其他用具，鼓励人们构建更伟大的梦想，并通过充分发展自我和企业来实现这个梦想。

20. 玩得开心，广交朋友，创造财富，实现生命的意义：网络营销最绝妙之处并非是人们变得富有（尽管大部分确实富有了），而更重要的是在这个过程中生活变得丰富多彩了。赚钱很好，但玩乐、交友和活得有意义——更是无价的。

第十一章 你骑着一匹死马吗

以上就是网络营销之所以被称为更新、更好的工作和生活方式的 20 大理由。

真的,这是一个正在而且还会继续蓬勃发展的行业。现在,专家估计由网络营销引领的直销,每年可获利 1000 亿美元,是的,100 个"十亿",而令人吃惊的是,该行业还只是在萌芽时期!仍是乳臭未干的"金刚"。

第十二章

未来财富

有什么事情要比"到手的鸭子给飞了"更令人苦恼不堪的呢？

——罗甘·史密斯

我们已明确地指出，时代是如何不停地变化，明天的变化也许会更快。我们也已提到技术是如何日新月异，更确切地说应是如何相互竞争，结果一夜间便淘汰了整个工业以及它的生产模式。正是因为技术的存在，网络营销才会这么"火"！

在网络时代，你只要轻轻按下电脑键，网络营销者就会在片刻之间将产品和培训资料发送到世界各地。他们期待着在交通堵塞之时，能在车上接到一位新合作伙伴的电话。有一千来号人每个星期都要进行一次电话会议，或者在互联网上观看现场直播的节目，向新朋友们

第十二章 未来财富

介绍本公司的产品及发展潜力,而这一切都可以在不跨出房门的情况下实现。今天,网络营销者可以通过发送CD和DVD,或建议登陆本公司网站的方式向外国人介绍本公司情况、产品以及薪资情况。要说便利,仅需几美元,你的新营销者就能收到由本行业高层生产者发送过来的培训材料。当然,他们也可以在家里收看现场直播的卫星节目。这一切在20年前,甚至是5年前都是闻所未闻的。

技术的超先进性已为网络营销敞开了一道又一道机遇的大门——这一切即将发生。这就是网络营销可以独立门户的原因。未来学家费斯·波博科恩提出了最好的解释:"网络营销是未来的浪潮。以面对面方式进行交流的营销人员,只要能够完善自己的工作,使自己变得更加可信,所有的产品才会通过这种方式或电视互动的方式进行销售。我想这样做的问题就是零售有可能会面临倒闭的命运,没有人会去光顾它们了。"

梦想成功

让我给你们讲一个故事来说明成功的关键是什么吧。

一天,一个男人走进了精神科医师的办公室。啊,他看起来真糟糕!脸色苍白,并且浑身颤抖,就像濒临死亡。眼睛深陷于脸颊之中,显然他已经有好几个月没睡好觉了！他恳求医生能帮助他。这个男人向医生讲述了他一直都会做的那个梦。似乎每次一入睡，他都会做同样的噩梦。

在梦中，他穿过街道，来到了一座大楼的大门前。而后，无论他怎么用力地推，他都不能打开这扇门走进去。他竭尽全力地推，门纹丝未动。无论他怎么使劲推，那扇门就是打不开。由于恐惧和精疲力竭，他醒来后常常是满头大汗，浑身颤抖。他十分害怕做那个梦，以至于无论有多么疲劳，他都怕闭上眼睛。

他继续说，如果他不能走进那扇门的话就会觉得自己将不久于人世。但就是打不开那扇门。医生问他为什么打开那扇门对他来说是如此的重要。那个男人回答说，那是他的未来之门，那是一扇能使他转败为胜的门，但他却不能打开！医生思考片刻后问："你每次睡觉的时候都会做这个梦吗？"那人点了点头。医生细心思考了良久，最后终于露出了微笑，"我想我找到医治你的梦魇的方法了，今天晚上在闭上眼睛之前，你要告诉自己，当你再次来到那扇门前的时候，你要留心观察有关那扇门的一切，每一处细节，无论在你看来那是多么的无足轻重，然后第二天回来时再告诉我你的发现。"

第二天当医生再次看到那个男人时，他简直不能相信自己的眼睛！昨天那个颤抖而又萎缩的家伙不见了。此时面前的这个人看起来充满了生机与活力，眼睛熠熠

第十二章　未来财富

生辉,他甚至还在微笑!惊讶的医生很快将那个人带入了办公室,询问其中的缘由。

病人十分兴奋地谈起来:"我听从了您的建议,在入睡之前,我告诉自己要留意并记住通往成功之门的每一处细节。就像平时一样,我刚睡着,那个梦就来了。我来到了门前,这次我比以往更加用力地推门。我竭尽全力地推啊,推啊,像平时一样,没有发生任何事情。最后,我想起了您的建议,于是我向后退了几步,仔细察看门上的每处细节,您猜我看到了什么?""猜不到,"医生兴奋地回答道,"告诉我吧!快点告诉我!"

"我推的那扇门上有一个标记,"那人微笑着说,"上面写着一个字——'拉!'"

你正在推,还是在拉成功之门

你是否正努力冲破重重困难,向前推进,走到时代的前列,却发现自己正陷于没有出路的死胡同之中?那么,停止推,开始拉吧!

未来之门——梦想之门就是为你敞开的。这不需挣扎,也没有噩梦。你只需按照《圣经》告诉你的去做:"你们祈求,就给你们;寻找,就寻见;叩门,就给你开门。"确切地说,假如那是一扇网络营销的门的话,它就会打开了。

正如你在本书中通篇看到的一样——更为重要的是从你自身的经验来看——并不是所有的门都通往你所期盼的未来。而网络营销能够并且确实通向成功。

已有上百万的人借助网络营销过上了富足而有意义的生活。他们从直接经验中学会了怎样做到鱼与熊掌兼得。现在这部分人都拥有自己的企业。

还是多亏了网络营销,他们成为了自主创业的老板、首席执行官——他们能自主选择在何时、何地,与何人共事。

网络营销人员可以选择兼职或全职工作。有许多人刚开始做时仅为了增加收入而已,但后来他们又将之当做了全职工作。

网络营销人员已经学会平衡的作用,懂得了J·保罗·格蒂所说的"我宁愿让100个人做出1％的努力,也不愿我自己花费100％的努力"这句话的含义。他们看到了怎样使大众的每一位成员都付出一点就能保持"小即是美"的质量,并且成就一番大的事业。

他们已经体验了或刚开始体验超越纯粹的财务自由而享有真正的财务自由:拥有所需的金钱,自由自在,而不需他人告诉他们该怎么做。你要知道,如果人们每月都能存储额外的500美元的话,80％的破产都能避免。在做网络营销的时候,上万人拥有500美元,上千人拥有500美元的10倍、20倍、100倍,甚至更多!

第十二章　未来财富

这也不仅仅是金钱的事,它关系到你可以掌管一切,发号施令,利己又利人,同你生命中最重要的人们——家人和朋友,共同分享你的梦想,你的时光!

别迷失了自己

一直有人这样对我说:

"我是医生、我是律师、是工程师、是会计师、是打字员、是教师,但我在网络销售中就是找不到自己。"他们这样说。

听到他们的话时,我是这样回应的:

"很有意思。这样吧,我给你提供个机会,让你在我的一个公司中做开垃圾车的司机。你有兴趣吗?"

我得到的回答总是这样的:"你疯了吗?不,我才不想开垃圾车呢!"

我又接着说:"好吧,我还能提供给你另外一份工作。它的收益是每年 100 万美元!你来做这个工作最合适不过了。你有兴趣吗?"

"当然了!"他回答说,"那么工作究竟是什么呢?"

"是开垃圾车。"我告诉他说。

有一个人对此总结说:"噢,这完全是两码事。这可是笔生意。"

网络销售也与众不同,它也是一笔生意。和开垃圾车相比,这可是笔大生意。这点我可以告诉你(如果你真正成功了，你开的车可不会是垃圾车，而是雷克萨斯或者宝马。）

你要么现在打定主意，绝不参与到网络销售中来；要么就打开思路，好好利用这个已经崛起的新产业。

试想一下，说不定它真能让你获得顶级座驾，让你得到想要的一切呢！

抓住改变的机会

你知道，改变有时候是很难让人接受的。确实如此，当我为了赚每小时 5.5 美元的劳动报酬造船的时候，当我为了每周 150 美元的薪金做侍应生的时候，我曾经几个月为此烦恼不已，拿不定主意自己是否应该辞掉这些我所深恶痛绝的工作，去做点冒险的事——逃离安乐窝，去尝试不同的事。

约翰·肯尼迪总统曾经说过："变化是生活的规律。那些只盯着过去或现在的人注定将错过未来。"

试想：40 年前人们外出就餐的几率只有 6%（而现在，有 60% 的几率）……25 年前没有收音机销售店……10 年前只有那些电脑迷才会去上网！我们从中能得到的启示显而易见：一成不变就会被时代抛弃。

请问一下你自己如下的问题：

我对现在做的工作满意吗？

第十二章 未来财富

我赚的钱是否与我的劳动付出等值吗?

我有与家人、朋友相处的时间以及留给自己的时间吗?

我在为自己做事的同时有没有也为别人提供帮助?

我是否在以自己期望达到的速度发展进步?

是我在控制自己的工作、自己的生活,还是别人在暗中对我施加影响?

我真的愿意为了实现美国梦而付出吗?

几年前我问了自己这些问题——答案令我失望。

因此我做出了改变。我打开思路……仔细观察……迈出了生命中最重要的一步。

我再也不做自己不喜欢的事情了!

我强烈建议你们也这样做。

我建议你们问问自己这些最难回答的问题。如果你对自己的答复不满——就像我当时那样——那么就也像我一样做个了断吧!现在就加入网络销售的工作中来吧,否则就太迟了。

为什么现在是最佳时机

我们都听过这样的说法:"时间就是生命,时间就是金钱。"

从事商业活动或者变得富有的成功秘诀就是该出手

时就出手,在市场的繁荣到来之前就进入到此项商业活动中来,在商机开始发展之前抓住它。

任何成功商业或产业的发展都要经过四个阶段:第一阶段是基础阶段,第二阶段是集中阶段,第三阶段是发展阶段,第四阶段是稳定阶段。

基础阶段也可被称为"开拓期"。产业刚刚开始运作,由于它是"新出现的",又是"没有被证明过的",所以公众并不了解你究竟在做什么。起初的几年会困难重重。在打基础期间,你会多次被拒绝,忐忑不安的心情也是家常便饭。这几年是冒高风险的时期。这就像最初定居西部的开拓者,因为他们是第一批开发西部的人,所以就能在这片富饶的土地上挖到第一桶金。但也正是这些人背负着巨大的风险。

网络销售的基础阶段始于20世纪40年代后期,持续到1979年,那时安利公司在法庭上击败美国联邦贸易署获得划时代的胜利,并一劳永逸使网络销售从此成为出售产品和服务的合法体系。

在度过早期的几年之后进入集中阶段。在这一阶段中,商业开始改变方式以获得大众的认可。例如,第一家麦当劳店开始运营的时候,它只不过是引起当地人好奇心的小店,只有它的创建者,雷·克劳克相信它能成为遍及全美的连锁企业。然而当第100家麦当劳连锁店也建起来的时候,这种成就潮流的特许经营模式不仅仅

第十二章　未来财富

获得了广泛认可，还激起了人们的狂热。

临界质量

今天网络营销在集中阶段的最后一步……并将进入第九阶段——发展阶段！整个产业将经历一个动态过程然后达到临界点，不可思议的事情就发生了。就好像有人按了一个文化按钮，然后行了，每个人都想要你所得到的，都想跟你学。临界点为销售产品和方式赢得了广泛的认可，甚至成为市场的新驱动力。当临界点到来时，增长势头很猛，销售也开始翻番！

考虑一下这些：在20世纪60年代，个人电脑还没有出现。在70年代，仅"高科技专家们"拥有它们。但在20世纪80年代中期，产业击中了临界点，今天在北美洲差不多75％的家庭都拥有一台计算机！同样的情况也发生在洗碗机、微波炉、手机、CD播放机、DVD机、数码照相机，甚至互联网上。一旦他们的销售击中了临界点……嘣！便会需求疯长，销售狂飙！

请扣好安全带，起飞

整个网络营销行业刚刚开始进入临界点……这意味着21世纪前20年，将是巨大的机会和巨大的利润相伴随的高增长时期！

瞧瞧吧，成千上万的北美洲人在美国、加拿大建立自己的事业并在网络营销行业发了大财。你能想象在马来西亚、俄罗斯、中国和印度，因为网络行业达到临界点而产生的财富？其程度就像是附上10个美国人作为你潜在的合作伙伴一般。到那时，这个行业将爆炸式地发展成为一个几万亿美元一年的商业……这意味着高级销售商不仅仅是百万富翁——而是亿万富翁！

这也就是为什么今天你要在这个行业占据自己的一席之地！

为你的国际商务奠定基础，这是最好的时机！

现在，估计只有2%的人参与到了互联网销售行业中。但我预测，这个数字将很快升高到10%！其中在这个行业所赚的绝大部分钱很可能来自不久的将来！

你会成为下一批百万富翁中的一员吗

在其最新畅销书《下一拨百万富翁》中，著名的经济学家保罗·皮尔泽注意到从1991~2001年，美国百万富翁的数量增长了一倍，从360万人增长到720万人。根据皮尔泽的观点，这种财富创造的趋势将会在未来的10年里继续，2020年之前将会增长一倍多，达到近2000万人。那么下一批百万富翁将来自何处？

皮尔泽回答他们来网络营销者们引领的家庭式企业。这些"新型企业家"通过前沿的产品和服务向大众分销

第十二章 未来财富

教育、知识和机会。用皮尔泽的话说:"今天我们对将远远超过 1990 年规模的经济暴涨处之泰然。而那些进入这个采用网络销售模式兴盛行业的人将从未来的爆发式增长中大获裨益。"

抓住你的机会

开始建造自己的管道,做个自由企业家,这是最好的机会!在后面的几年里,像你一样的普通人,也许就是你的邻居或者周日你在沃尔玛看到的那些人都会通过利用临界点在网络营销中大把地赚钱。

以前从没有如此多的人利用这种爆炸式的强大趋势。这正是网络营销能够如此让人激动和不可思议之处。当网络营销达到临界点,并且在全世界爆发时,与世界历史上以往的任何运动或者机会相比较,更多的普通人,都会投身其中,从利润中分得一杯羹。

我敢说当世界其他人还在浑然不觉的时候,你已经展开行动了。

我敢说你将与众不同,你将拥有梦想。

但最值得一提的是,你将成为未来 10 年里 1000 万个百万富翁中的一员——并大声宣布你和别人一样拥有财富梦想!

建造你的管道的故事

建造你的管道的故事

建造你的管道的故事

建造你的管道的故事

建造你的管道的故事

建造你的管道的故事